QSU-Management

Johann Wirnsperger
Uwe Pölzl
Hans Schramhauser

DAS QSU MANAGEMENT

Grundlagen
Ideen
Praxisbeispiele

ÖGB VERLAG

Verlag des Österreichischen Gewerkschaftsbundes

Umschlaggestaltung: Gerhard Peischl

Gedruckt auf chlorfrei gebleichtem Papier

Medieninhaber: Verlag des ÖGB GesmbH, Wien
© 1997 by Verlag des Österreichischen Gewerkschaftsbundes GesmbH, Wien
Satz und Layout: Bergler, Wien
Verlags- und Herstellungsort: Wien
Printed in Austria

ISBN 3-7035-0604-0

Inhalt

Wichtige Abkürzungen 7

1. **Vorwort der Autoren** 9
2. **Stand und Entwicklung** 11
   - 2.1 Qualität 12
   - 2.2 Sicherheit 21
   - 2.3 Umwelt 38
3. **Grundlegende Überlegungen** 51
   - 3.1 Rechtliche und normative Grundlagen 52
   - 3.2 Regelungstiefe 53
   - 3.3 Externe Überwachungen 55
   - 3.4 Wirtschaftlichkeitsbetrachtungen 56
4. **Gegenüberstellungen und Synergien** 59
   - 4.1 Übersicht 60
   - 4.2 Synergiebereiche 62
   - 4.3 Schnittstellen zwischen zwei Bereichen 77
   - 4.4 Singuläre Bereiche 82
5. **Werkzeuge zur kombinierten Anwendung** 87
   - 5.1 Ursachen-Wirkungs-Diagramm / ISHIKAWA 88
   - 5.2 Regelkartentechnik / RK 90
   - 5.3 Statistische Prozeßkontrolle / SPC 96
   - 5.4 Multiple Einflußgrößenrechnung / MER 99
   - 5.5 Entscheidungsanalyse / EA 103
   - 5.6 Risikoanalyse / FMEA 107
   - 5.7 Interne Audits 112
   - 5.8 Lieferantenbeurteilung 120
6. **Praxisbeispiele** 122
   - 6.1 Unterweisung von Schweißarbeitern 123
   - 6.2 Unterweisung „Neue Mitarbeiter" 124
   - 6.3 Neuer Arbeitsplatz 127
   - 6.4 Prüfanweisungen 130

6.5	Entwicklungsplanung	132
6.6	Qualitätsplanung	136
6.7	Verantwortlichkeiten	138
6.8	Organisationsformen im QSU-System	141
6.9	Verlustkostenabschätzung	145
6.10	Quantifizierbare Zielsetzungen im QSU-System	148

7. Ausblick 150

7.1	Unternehmenssimulation	151
7.2	QSU-Manager	152
7.3	Prozeßmanagement	154
7.4	Integrierte Managementsysteme	157

8. Schlußwort 158

Wichtige Abkürzungen

ABGB	Allgemeines Bürgerliches Gesetzbuch
AktG	Aktiengesetz
AM	Arbeitsmediziner
AngG	Angestelltengesetz
ASCHG	ArbeitnehmerInnenschutzgesetz BGBl. Nr. 450/94
AUVA	Allgemeine Unfallverhütungsanstalt
AWG	Abfallwirtschaftsgesetz
BMAS	Bundesministerium für Arbeit und Soziales
BMU	Bundesministerium für Umwelt
BMW	Bundesministerium für wirtschaftliche Angelegenheiten
BMWVK	Bundesministerium für Wirtschaft, Verkehr und Kunst
BSI	British Standardization Institute
ChemG	Chemikaliengesetz
DGQ	Deutsche Gesellschaft für Qualität
EA	Entscheidungsanalyse
EAC	European Accreditation Council
EAL	European Accreditation Laboratories
EGT	Ertrag aus gewöhnlicher Geschäftstätigkeit
EMAS	EG-Verordnung 1836/93 über die freiwillige Überprüfung von Umweltmanagementsystemen gewerblicher Unternehmen Environmental Management Auditing System
EMV	Elektromagnetische Verträglichkeit
EN	Europäische Norm
EOTC	European Organisation For Testing And Calibration
EU	Europäische Union
EWR	Europäischer Wirtschaftsraum
FMEA	Fehler-Möglichkeits- und Einfluß-Analyse
GewO	Gewerbeordnung
GLP	Good Laboratory Practice
GMP	Good Manufacturing Practice
HACCP	Hazard Analysis And Critical Control Point System
HGB	Handelsgesetzbuch
ISO	International Standardisation Organisation

MAK-Wert	Maximale Arbeitsplatzkonzentration für gefährliche Stoffe
MER	multiple Einflußgrößenrechnung
ÖGfZP	Österreichische Gesellschaft für Zerstörungsfreie Prüfungen
ÖVQ	Österreichische Vereinigung für Qualität
PSA	persönliche Schutzausrüstung
PT	Farbeindringverfahren
Q	Qualität
S	Sicherheit
SFK	Sicherheitsfachkraft
SOP	Standing Operating Procedure
SPC	statistische Prozeßkontrolle
SVP	Sicherheitsvertrauensperson
SZA	Schweißtechnische Zentralanstalt
TRK-Wert	Technische Richtkonzentration für gefährliche Stoffe
U	Umwelt
VASL	VOEST-Alpine Stahl Linz GmbH
VDA	Verein der deutschen Automobilindustrie
WRG	Wasserreinhaltegesetz
ZfP	Zerstörungsfreie Prüfung

1. Vorwort der Autoren

Vor nicht allzulanger Zeit hat sich folgendes Gespräch zwischen zwei Maschinenführern bei ihrem täglichen Glas Bier nach Feierabend zugetragen:

M1: „Du, ich hatte vorgestern ein Audit mit der Qualität."
M2: „Und wie war es?"
M1: „Ganz interessant. Aber ich mußte meine Maschine neu einstellen, denn ich hatte einen zu hohen »Zweite-Wahl-Anteil«."
M2: „Nun ja, aber jetzt paßt es doch wieder, oder?"
M1: „Ja, eigentlich schon. Aber gestern ist der Umweltbeauftragte bei mir gewesen. Er hat mir erklärt, daß die Emissionswerte nicht mehr stimmen."
M2: „Ja, und was weiter?"
M1: „Ich mußte die Maschine wieder zurückdrehen. Jetzt ist er wieder zufrieden. Ich bin nur neugierig, ob morgen der Qualitätsmensch wieder auftaucht?"
M2: „Na, wir werden sehen. Aber morgen kommt doch der von der Sicherheit zur Besichtigung zu uns. Weißt Du das noch nicht? Das ist jetzt notwendig wegen der EU und des neuen Gesetzes."
M1: „Dann bin ich aber gespannt, wie ich diesmal meine Maschine einstellen soll!"

Dieses Gespräch, aus der zufälligen Lauschposition heraus verfolgt, hat zur Überlegung geführt, die Qualitäts-, Sicherheits- und Umweltaspekte aus einem neuen Blickwinkel zu betrachten. Die Zusammenführung und integrierte Betrachtungsweise drängt dominant in den Vordergrund und hat letztendlich die Idee zu diesem Buch geliefert.

Dieses Buch richtet sich sowohl an Praktiker, die als Qualitätsbeauftragte, Qualitätsstellenleiter, Sicherheitsfachkräfte, Sicherheitsvertrauenspersonen, Arbeitsmediziner, Abfallbeauftragte oder Umweltbeauftragte tätig sind, als auch an Geschäftsführungspersönlichkeiten, die sich um die Zufriedenheit der Kunden, die Sicherheit und Gesundheit der Mitarbeiter und um die Umweltprobleme von heute und der Nachfolgegeneration entsprechend sorgen.

Die Inhalte dieses Buches zeigen Ressourcen, Möglichkeiten und Ideen auf, wie die aktuellen Themen **Qualität**, **Arbeitssicherheit** und **Umwelt** im Unternehmen unter Ausnutzung von Synergien wirtschaftlich realisiert werden können. Die Wirtschaftlichkeit wird begründet durch den Einsatz von Techniken, die sich in der Praxis vielfach bewährt haben, und in der Ausnutzung von Synergien, die sich bei der Umsetzung in einem integrierten Qualitäts-, Sicherheits- und Umweltschutzsystem (QSU-System) ergeben. Der Autoren Ziel und Wunsch zugleich ist es, durch die interdisziplinäre Zusammenführung der drei Fachbereiche einen Beitrag zur effizienten Unternehmensführung leisten zu können. Dabei ist es wichtig, oftmals polarisierte Gruppen und Meinungen zur möglichst reibungsfreien Konsensbildung hinzuführen.

Bei der Bearbeitung dieses Themas wird neben den theoretischen Grundlagenüberlegungen ein besonderer Wert auf die Praxisumsetzung im Unternehmen gelegt. Die in der Praxis erprobten Techniken sind soweit anonymisiert, daß sie allgemein verständlich werden und andererseits firmenspezifisches Know-how nicht preisgeben.

In diesem Zusammenhang wird folgenden Firmen für die wertvollen Diskussionen und Beiträge gedankt:

Jenbacher Energiesysteme AG, Jenbach

Fritz EGGER Spanplatten GmbH & Co, St. Johann in Tirol

Freudenthaler & Co GmbH, Inzing

Bartenbach LichtLabor GmbH, Aldrans

Liebherr Werk Lienz GmbH, Lienz

Prüfungszentrum VASL/SZA/ÖGfZP

Des weiteren ergeht auch ein herzliches Dankeschön an Dipl.-Ing. Oswald Pichler (AK Tirol) für die aktive Mitarbeit bei der Konzeption dieses Buches.

Wien, Jänner 1997

Die Autoren

2. Stand und Entwicklung

Dieses Kapitel behandelt die grundlegenden Überlegungen zu den drei Fachbereichen Qualität, Sicherheit und Umwelt und erläutert die Grundlagen und die Entwicklung von den Ursprüngen bis zur heutigen Zeit.

Vor allem die letzten Jahre mit dem Beitritt Österreichs zur Europäischen Union haben einige Veränderungen und Anpassungen mit sich gebracht, die in zusammengefaßter Form dargestellt werden. Mit diesem Letztstand wird der Eintritt in das nächste Jahrtausend vorbereitet.

Stand und Entwicklung Qualität

> Es ist unklug, zu viel zu bezahlen,
> aber es ist noch schlechter,
> zu wenig zu bezahlen.
>
> Wenn Sie zuviel bezahlen, verlieren Sie etwas Geld,
> das ist alles.
> Wenn Sie dagegen zu wenig bezahlen,
> verlieren Sie manchmal alles,
> da die gekaufte Leistung die ihr
> zugedachte Aufgabe nicht erfüllen kann.
>
> Das Gesetz der Wirtschaft verbietet es,
> wenig Geld für viel Wert zu erhalten.
>
> Nehmen Sie das niedrigste Angebot an,
> müssen Sie für das Risiko, das Sie eingehen,
> etwas hinzurechnen. Und wenn Sie das tun,
> dann haben Sie auch genug Geld,
> um für etwas Besseres zu bezahlen.
>
> nach John RUSKIN (vor über 80 Jahren)

2.1 Qualität

Das Bestreben um Qualität ist schon uralt, vielleicht sogar so alt wie die Menschheitsgeschichte selbst. Vorrangig und lange Zeit wurde der Qualitätsbegriff ausschließlich mit hervorragenden Produkteigenschaften verknüpft, wie zum Beispiel das Schwert Notung von Wieland, dem Schmied aus den deutschen Götter- und Heldensagen.

Im Zeitalter der Industrialisierung mit Ausgangspunkt in England – initialisiert durch die Erfindung der Dampfmaschine – wurde die Produktqualität wiederum ein wichtiges Thema. Aus Schutzgründen vor zu minderer Qualität wurde die Herkunftskennzeichnung vorgeschrieben. Die Produkte aus Deutschland mit der Kennzeichnung „Made in Germany" konnten sich in weiterer Folge und vor allem durch die Kennzeichnung profilieren und wurden schlichtweg zum Synonym für hervorragende Produktqualität.

Der Begriff „Qualität" hat jedoch im Laufe der Zeit seinen Sinn und Inhalt laufend verändert. Lange Zeit wurden mit Qualität herausragende Produkteigenschaften verbunden, bis zu dem Zeitpunkt, als auch Wirtschaftlichkeitsüberlegungen in den Vordergrund gerückt wurden. Qualität wurde zum

Stand und Entwicklung Qualität

relativen Begriff und wird heutzutage verstanden als „... Gesamtheit von Merkmalen bezüglich ihrer Eignung, festgelegte und vorausgesetzte Erfordernisse zu erfüllen" (ISO 8402).

Um diese Produktqualität zu erreichen, wurden in Europa und in Amerika unterschiedliche Strategien praktiziert. In Europa wurde der Schwerpunkt auf technische Spezifikationen und auf die möglichst vollständige Prüfung der Merkmale am Produkt selbst gelegt. Die amerikanische Strategie hat recht früh auch schon die organisatorischen Voraussetzungen und das Herstellverfahren selbst mit einbezogen. Daraus kann der Ursprung der Qualitätssicherungssysteme abgeleitet werden. Regelwerke und diesbezügliche Vorschriften werden hauptsächlich in der Militärindustrie, aber auch im Bereich der Kernenergie gefunden.

Dies war dann auch der Zeitpunkt, wo die Produktqualität nicht nur durch die möglichst vollständige Prüfung des Endproduktes erzielt wurde, sondern auch die Sicherstellung verlangt wurde, daß diese Leistung auch reproduzierbar wiederholt werden kann. Das Schlagwort in dieser Zeit hieß: „Qualität wird nicht erprüft, sondern erzeugt."

Die Produkthaftung hat eine weitere Dimension im Begriff Qualität und im Qualitätssicherungssystem eröffnet. Angeheizt durch Horrormeldungen über Schadenersatzforderungen aus den USA und durch die Inkraftsetzung der Produzentenhaftung in Österreich im Jahre 1988 (BGBl. Nr. 99/88) mußte über die Beweislastumkehr (der Hersteller muß beim Auftreten eines Schadens nachweisen, daß die Ursache nicht in seinem Bereich verschuldet wird) nachgedacht werden. Dies führt zur Notwendigkeit der Nachvollziehbarkeit der Produktqualität, der Herstellverfahren sowie zur Dokumentationspflicht und kann im Endeffekt nur mit einem vollständig dokumentierten Qualitätssicherungssystem erreicht werden.

Der europäische Binnenmarkt mit seinem freien Warenverkehr führt ebenfalls zu Überlegungen hinsichtlich Qualität und Qualitätssicherung. Der freie Warenverkehr zwingt zur Vergleichbarkeit der Produktqualität im EWR. Dies ist über die Produktprüfungen und Produktabnahmen nicht realisierbar, da zu aufwendig, kostenintensiv und zeitraubend. Deshalb wurde im europäischen Konzept nun ebenfalls das Qualitätssicherungssystem forciert, um die Vergleichbarkeit nach einem einheitlichen Regelwerk sicherzustellen. Als Regelwerk wurde die ISO 9000 bis ISO 9004 ausgewählt und 1987 offiziell in Kraft gesetzt. Seitdem erlebt die ISO 9000 ff. einen unglaublichen Siegeszug um die ganze Welt und ist mittlerweile mit großem Abstand die weitest verbreitete Norm überhaupt. Es gibt nun kaum einen Hersteller, der nicht mit dieser Norm in Berührung kommt und nicht ein Qualitätssicherungssystem nach ISO 9000 ff. für seinen Betrieb erstellt und auch zertifizieren läßt. Dieses Regelwerk führt nun zu einer neuen Sicht und zu einer Erweiterung des Begriffs Qualität. Lag bisher der Schwerpunkt hauptsäch-

Stand und Entwicklung Qualität

lich im Bereich der Produktqualität, so wird nun auch die Prozeßqualität (Qualität des Herstellverfahrens) und die Systemqualität (Qualität der Organisation, der Führungsinstrumente etc.) als gleichrangig der Produktqualität beiseite gestellt. Dadurch wurde aus dem Kontrollsystem über die Qualitätssicherung nun letztendlich ein umfassendes Qualitätsmanagement (siehe Abb. 1).

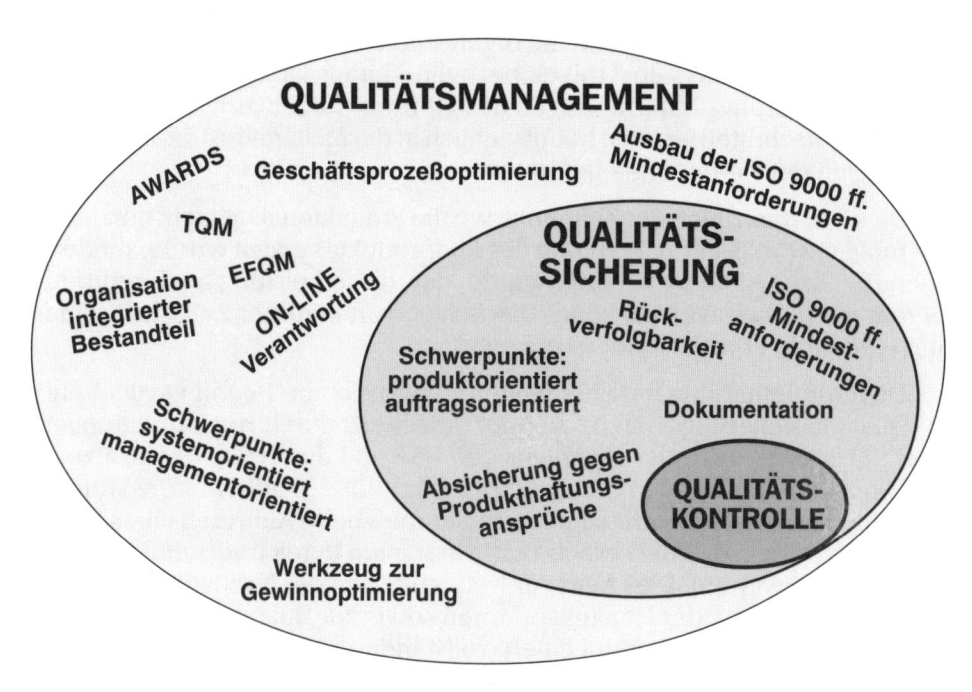

Abb. 1: Qualitätskontrolle, Qualitätssicherung, Qualitätsmanagement

Kontrollsystem = Integrierte Prüfungen und Inspektionen in Fertigung, Montage und Inbetriebnahme mit Interaktionen auf die Herstellverfahren.

Qualitätssicherung = Zusätzlich zum Kontrollsystem auch eine lückenlose Identifikation und Rückverfolgbarkeit bis zum „Rohstoff" inklusive umfassender Dokumentation; Sicherstellung des vorhandenen Qualitätsstandards auch für die Zukunft, vorwiegend ausgerichtet auf Produktqualität

Qualitätsmanagement = Umfassende Maßnahmen zur Sicherstellung der Kundenzufriedenheit durch qualitativ hochwertige Systeme, Organisationen, Prozesse und Produkte

Die Qualität betrifft nun nicht mehr nur die Prüf- bzw. Qualitätsabteilung, sondern jeden einzelnen im Unternehmen und in jeder Hierarchieebene (siehe Abb. 2).

Stand und Entwicklung Qualität

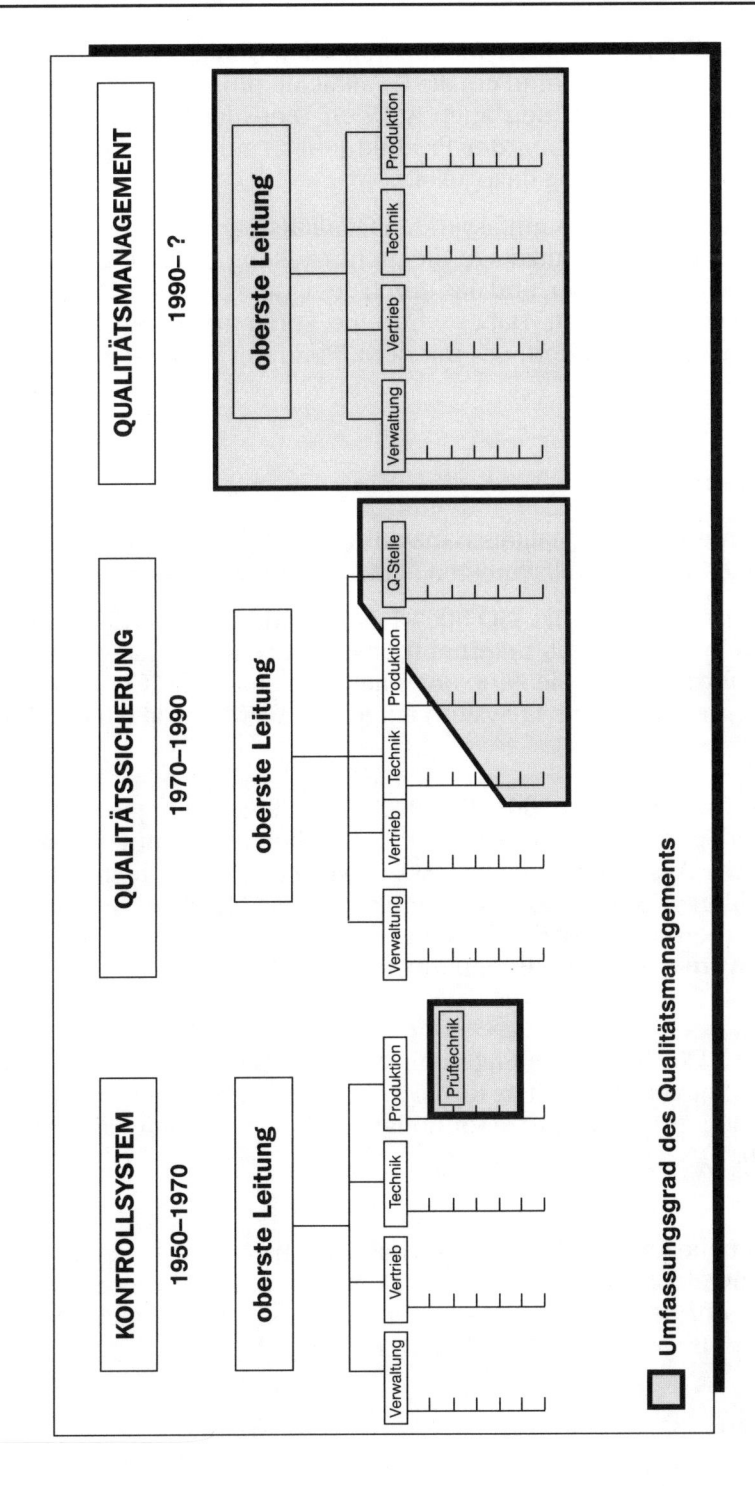

Abb. 2: Umfassungsgrad des Qualitätsmanagements im Unternehmen

Stand und Entwicklung Qualität

Durch die Erfolge mit einem funktionierenden Qualitätsmanagement angeregt, hat das Bemühen rund um die Qualität, ursprünglich für die Industrie gedacht und entwickelt, nun auch auf den Dienstleistungsbereich übergegriffen, sodaß sich neben der Produktqualität nun auch die Dienstleistungsqualität gleichrangig dazugesellt.

Als Grundprinzip eines umfassenden Qualitätsmanagements in jeder Organisationseinheit gilt heutzutage die Sicherstellung der Zufriedenheit der Kunden bzw. Auftraggeber, und das durch geeignete Systeme, Prozesse und Produkte/Dienstleistungen. Dabei wird eine kontinuierliche Verbesserung in allen Bereichen gefordert, um mit dem Stand der Technik Schritt halten zu können.

Normenübersicht

Die Normen, die im Qualitätsmanagement eine Rolle spielen, sind insgesamt gesehen zu einer vollständigen Normenfamilie angewachsen.

Die Basisnorm stellt die ISO 9004-1 dar. In ihr sind alle Elemente enthalten, die ein vollständiges, unternehmensspezifisches Q-System (Qualitätssystem) beinhalten soll. Sie kann auch ausgezeichnet als „Checkliste" verwendet werden, wenn ein Q-System aufgebaut werden soll (siehe Abb. 3).

Die Normenreihe ISO 9001, ISO 9002, ISO 9003 ist vorgesehen für die externe Darlegung des Q-Systems und beinhaltet jeweils unterschiedliche umfangreiche Ausschnitte aus der ISO 9004. Die ISO 9001 beinhaltet auch die Entwicklung/Konstruktion von Produkten. Die ISO 9002 entspricht einem typischen produzierenden Betrieb ohne Entwicklung. Die ISO 9003, gedacht für das Gewerbe, hat keine Bedeutung erlangt (siehe Abb. 4).

Die ISO 9000-1 gibt Anleitungen für die Auswahl der Anforderungsstufe und beinhaltet seit der letzten Revision im Jahre 1994 auch das grundlegende Modell zu einem prozeßorientierten Qualitätsmanagementsystem (siehe Abb. 5).

Rund um die Anforderungsnormen haben sich eine ganze Reihe von Normen mit Leitfadencharakter entwickelt. Diese sind sowohl in der Serie 9000 ff. als auch in der Serie 10000 ff. zu finden. Abgerundet wird diese Normenreihe mit der Begriffsnorm ISO 8402 (siehe Abb. 6).

Stand und Entwicklung Qualität

ISO 9004-1: 1994

Inhalt	Inhalt der einzelnen Kapitel in Stichworten
4 Verantwortung der Leitung	Qualitätspolitik, Qualitätsziele, Q-System
5 QM-Elemente	Grad der Anwendung, Verantwortungen, Organisation, Ressourcen, Ausführungsverfahren, Konfigurationsmanagement, Grundsätze, Systemdokumente, Qualitätspläne, Qualitätsaufzeichnungen, Auditwesen, Bewertung des Q-Systems, Qualitätsverbesserungen
6 Finanzielle Überlegungen	Informationssysteme, qualitätsbezogene Kosten, Berichterstattung
7 Qualität im Marketing	Abläufe, Machbarkeitsprüfungen, Produktspezifikationen, Kunden-Rückinformation, Vertragsänderungen
8 Qualität bei Auslegung und Design	Abläufe, Entwicklungsplanung und -ziele, Designprüfung, Designverifizierung und -validierung, Produktionsfreigabe, Marktreife, Designänderungen
9 Qualität bei der Beschaffung	Abläufe, Beschaffungsdokumente, Lieferantenauswahl, Qualitätssicherungsvereinbarungen, Verifizierungsmethoden, Reklamationsbearbeitung, Qualitätsaufzeichnungen
10 Qualität von Prozessen	Abläufe, Prozeßplanung, Prozeßfähigkeit, Einrichtungen, Umgebungsbedingungen
11 Prozeßlenkung	Rückverfolgbarkeit, Kennzeichnung, Instandhaltung, Prozeßlenkungsmanagement, Prozeßänderungen, Prüfstatus, fehlerhafte Einheiten
12 Produktprüfung	Eingangsprüfung, Zwischenprüfung, Endprüfung
13 Prüfmittelüberwachung	Abläufe, Überwachung, Kalibrierung, Rückführung auf Normale, externe Prüfungen
14 Lenkung fehlerhafter Produkte	Abläufe, Kennzeichnung, Trennung, Bewertung, Verfügung, Arbeitsweise, Vermeidung des Wiederauftretens
15 Korrekturmaßnahmen	Abläufe, Verantwortungen, Problemanalysen, Beseitigung von Ursachen
16 Aufgaben nach der Produktion	Abläufe, Lagerung, Auslieferung, Montage, Wartung, Gefahrenübergang, Rückmeldungen aus dem Markt
17 Qualitätsbezogene Dokumente	Qualitätsaufzeichnungen (Dokumente und Daten), vollständige Erfassung, Archivierungssystem, -dauer, Sicherungen
18 Personal	Abläufe, Qualitätsanforderungen, Bedarfserhebung, Schulungspläne, spezielle Tätigkeiten, Motivation, Qualitätsbewußtsein
19 Produktsicherheit	Rückverfolgbarkeit, Nachweise, Regelkonformität
20 Gebrauch statistischer Methoden	Bedarfserhebung, Methoden, Einschulungen

Abb. 3: ISO 9004 Revision 1994, Kapitelübersicht und Erläuterungen

Stand und Entwicklung Qualität

Kapitel	Inhalt	ISO 9001	ISO 9002	ISO 9003
4.1	Verantwortung der Leitung	●	●	○
4.2	Qualitätsmanagementsystem	●	●	○
4.3	Vertragsprüfung	●	●	●
4.4	Designlenkung	●	⊬	⊬
4.5	Lenkung der Dokumente und Daten	●	●	●
4.6	Beschaffung	●	●	⊬
4.7	Lenkung der vom Kunden beigestellten Produkte	●	●	●
4.8	Kennzeichnung und Rückverfolgbarkeit von Produkten	●	●	○
4.9	Prozeßlenkung	●	●	⊬
4.10	Prüfungen	●	●	○
4.11	Prüfmittelüberwachung	●	●	●
4.12	Prüfstatus	●	●	●
4.13	Lenkung fehlerhafter Produkte	●	●	○
4.14	Korrektur- und Vorbeugemaßnahmen	●	●	○
4.15	Handhabung, Lagerung, Verpackung, Konservierung und Versand	●	●	●
4.16	Lenkung von Qualitätsaufzeichnungen	●	●	○
4.17	Interne Qualitätsaudits	●	●	○
4.18	Schulung	●	●	○
4.19	Wartung	●	●	⊬
4.20	Statistische Methoden	●	●	○

● voller Umfang   ○ reduzierter Umfang   ⊬ nicht vorhanden

Abb. 4: Vergleich ISO 9001, ISO 9002 und ISO 9003

Die ISO 9000 ff. ist in mehr als 50 Ländern der Welt in das nationale Normenwerk aufgenommen und ist damit die weitest verbreitete Norm überhaupt. Sie ist praktisch in der gesamten industrialisierten Welt bekannt und in Umsetzung.

Stand und Entwicklung Qualität

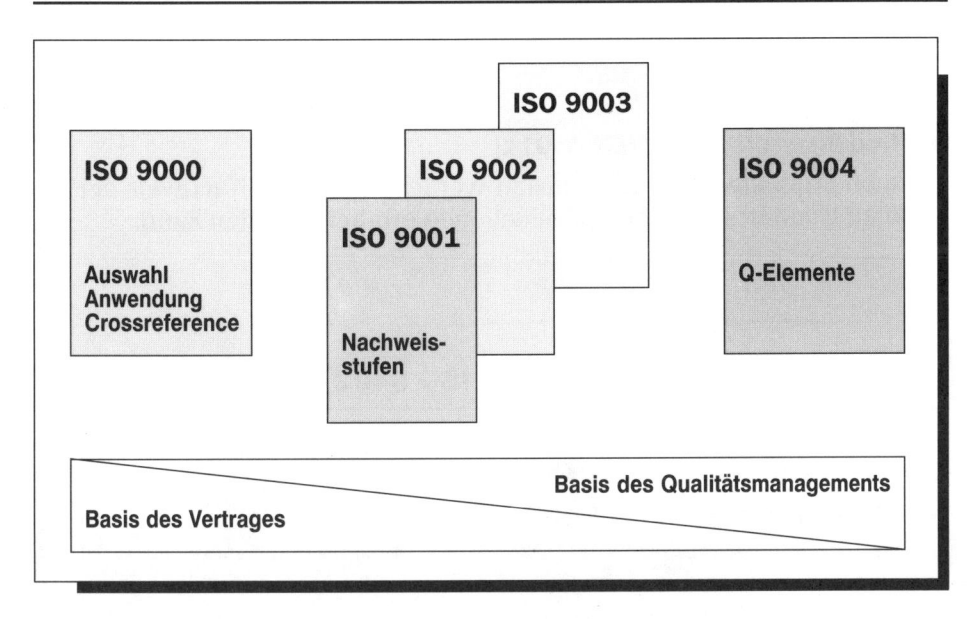

Abb. 5: Zusammenhang ISO 9000 bis ISO 9004

Zertifizierung und Akkreditierung

Die für Österreich zuständige Akkreditierungsstelle ist das Bundesministerium für wirtschaftliche Angelegenheiten (BMW), Sektion IX, Technik und Innovation. Das BMW akkreditiert Zertifizierungsstellen und erteilt somit Berechtigungen für die Durchführung von Zertifizierungen. Die gesetzliche Grundlage bildet das Akkreditierungsgesetz, BGBl. Nr. 468/1992.

- **Personalzertifizierung (EN 45013)**

  Der Qualitätsmanager und der Qualitätsauditor haben sich in Europa als anerkannte Personalqualifikationen etabliert. Die Ausbildung dazu wird von verschiedenen Stellen angeboten. Anerkannte Personalzertifikate können jedoch nur durch akkreditierte Zertifizierungsstellen ausgestellt werden. Für die Zukunft ist zu erwarten, daß auch weitere Personalzertifizierungen ermöglicht werden.

- **Systemzertifizierung (EN 45012)**

  Ein firmenspezifisch entwickeltes und in die Praxis umgesetztes Q-System nach ISO 9000 ff. kann von akkreditierten Zertifizierungsstellen auf Normkonformität überprüft und zertifiziert werden. Diese Zertifizierung ist dann in weiterer Folge im EU- und im EWR-Raum sowie im CEN-Bereich als gleichwertig anzuerkennen und kann als Nachweis der Qualitätsfähigkeit eines Unternehmens bei der Vergabe von Leistungen und

Stand und Entwicklung Qualität

Lieferungen sowie bei der Auswahl von Lieferanten entsprechend eingesetzt werden.

- **Produktzertifizierung (EN 45011)**

  Auch Produkte können zertifiziert werden, wenn der Nachweis der Erfüllung von bestimmten Spezifikationen erbracht werden kann.

Begriffsnorm ISO 8402

Anforderungen an Q-Systeme

Modelle zur Darlegung der Qualitätssicherung
ISO 9001 in Design/Entwicklung, Produktion, Montage und Kundendienst
ISO 9002 in Produktion, Montage und Kundendienst
ISO 9003 bei der Endprüfung

Leitfadenreihe ISO 9000-X	Leitfadenreihe ISO 9004-X	Normen ISO 1001X-Y
(für 9001/9002/9003)	(Q-Management)	(Q-Technik)
Qualitätsmanagement- und Qualitätssicherungsnormen	Qualitätsmanagement und Elemente eines Q-Systems	10011-1 Auditdurchführung
9000-1 Auswahl und Anwendung	9004-1 Leitfaden	10011-2 Qualifikationskriterien für Qualitätsauditoren
9000-2 Anwendung von ISO 9001, ISO 9002, ISO 9003	9004-2 Dienstleistungen	10011-3 Management von Auditprogrammen
	9004-3 verfahrenstechnische Produkte	
9000-3 Anwendung von ISO 9001 auf die Entwicklung, Lieferung und Wartung von Software	9004-4 Qualitätsverbesserung	10012-1 Meßtechnik
	9004-5 quality plans	10012-2 Meßmittel
	9004-6 principles in projekt management	10013 quality manuals
	9004-7 configuration management	10014 economents of quality
9000-4 Anwendung auf das Zuverlässigkeitsmanagement	9004-8 quality principles, application to management practices	10015 continuing education and training
		10016 quality documentation

Abb. 6: Stand und Übersicht der ISO-9000-Normenfamilie (März 94 inkl. Rev. Phase 1)

2.2 Sicherheit

Der Sicherheitsbegriff

Die „Sicherheit" hat im menschlichen Leben in vielfältiger Hinsicht eine besondere Bedeutung. Von Sicherheit ist die Rede beispielsweise bei der Aufnahme eines Darlehens oder bei der technischen Beschaffenheit eines Produktes oder bei der Tragfähigkeit einer Brücke usw. Von „Sicherheit" ist auch die Rede im Zusammenhang mit Geborgenheit, Schutz vor Krankheit, Schutz vor Unfällen usw.

Vereinfacht und grob unterteilt hat die Sicherheit bei den Systemen

- Mensch und Technik
- Mensch und Umwelt
- Mensch und Gesellschaft

eine wichtige Bedeutung.

Für die Produktion von Gütern und die Bereitstellung von Dienstleistungen gilt, daß die Arbeitsabläufe und die verwendeten Arbeitsmittel so gestaltet bzw. beschaffen sein müssen, daß die Gesundheit der Menschen nicht beeinträchtigt oder gar geschädigt wird.

Die Abwehr von Gefahren ist für den Menschen aktuell, seit es ihn gibt. Aus dem Alten Testament ist eine „Sicherheitsvorschrift" bekannt, sie lautet:

„Wenn Du ein neues Haus baust, so mache ein Geländer ringsum auf Deinem Dache, damit Du nicht Blutschuld auf Dein Haus lädst, wenn jemand herunterfällt" (5. Buch Moses, Kapitel 22, Vers 8).

Den möglichen Zusammenhang zwischen Arbeit und Gesundheit hat Hippokrates (um 400 v. Chr.) erkannt. Er wies darauf hin, daß beim Ausüben bestimmter Handwerke und Künste gesundheitliche Schäden auftreten, und meinte, daß man daher bei der ärztlichen Untersuchung nach der beruflichen Beschäftigung fragen müsse. Übrigens eine ärztliche Empfehlung, die auch heute nicht immer befolgt wird.

Arbeitssicherheit

Sicherheit bei der Arbeit ist ein Zustand der Gefahrenfreiheit, der angestrebt werden muß. Mit Rechtsvorschriften und technischen Normen werden Maßnahmen vorgeschrieben, die zum Schutz des Lebens und der Gesundheit erforderlich sind und durchgeführt werden müssen.

Auf Rechtsvorschriften und Normen kann nicht verzichtet werden, auch wenn sie manchmal als „lästig" angesehen werden. Wer aber glaubt, daß

Stand und Entwicklung Sicherheit

derartige Regelungen gewissermaßen „automatisch" zum gewünschten Erfolg führen, der irrt gewaltig. Es ist ein „weiter" Weg von der Beschlußfassung einer Rechtsvorschrift bis zur Umsetzung in die betriebliche Praxis. Erst dann, wenn Arbeitssicherheit als unternehmerische Zielsetzung definiert und auch ernsthaft verfolgt wird, können Arbeitsunfälle und Berufskrankheiten verhindert werden.

In der betrieblichen Praxis ist immer wieder zu beobachten, daß es gerade die „Arbeitnehmerschutzvorschriften" sind, die von den Arbeitgebern, aber häufig auch von den Arbeitnehmern als „lästig" empfunden werden. Die Gründe dafür sind vielfältig. Oftmals fehlt das Verständnis für die Sinnhaftigkeit der Vorschriften, weil „ohnehin seit Jahren nichts passiert ist". Manchmal herrscht auch die irrige Ansicht vor, daß für den Fall eines Arbeitsunfalles ja ohnehin eine Unfallversicherung bestehe und diese zur Leistung verpflichtet ist; daß das Unfallereignis aber auch den Betrieb oft beachtlich belastet, wird nicht erkannt.

Ziele des Arbeitnehmerschutzes

Das Hauptziel des Arbeitnehmerschutzes ist es, die Arbeit und die Arbeitsbedingungen menschengerecht zu gestalten. Damit sollen Arbeitsunfälle, Berufskrankheiten und arbeitsbedingter Gesundheitsverschleiß ebenso vermieden werden wie Sachschäden.

In der Praxis versucht man, dieses Ziel durch begleitende Gesetze, Verordnungen, Kollektivverträge und Betriebsvereinbarungen zu erreichen. Das Hauptziel „menschengerechte Arbeitsgestaltung" beinhaltet drei wichtige Teilziele:

1. Schutz und Sicherheit gegen Unfall und Gesundheitsrisiken

Menschengerechte Arbeitsgestaltung ist ohne Arbeitnehmerschutz genauso unmöglich wie umgekehrt. Die Grundsätze der menschengerechten Arbeitsgestaltung haben in der Gesetzgebung (ArbeitnehmerInnenschutzgesetz, Allgemeine Arbeitnehmerschutzverordnung usw.) ebenso wie im Normenbestand ihren Niederschlag gefunden.

2. Vorbeugender Gesundheitsschutz

Die Vermeidung von Belastungen und die Reduzierung der auftretenden Arbeitsbelastung auf ein Mindestmaß soll der Erhaltung der Gesundheit und der Leistungsfähigkeit des Menschen am Arbeitsplatz dienen und muß Vorrang haben. Die Unterstützung und Mitwirkung des Arbeitsmediziners, der Sicherheitsfachkraft sowie die Einbindung der Sicherheitsvertrauensperson und des Betriebsrates ist hiezu unabdingbar erforderlich.

Stand und Entwicklung Sicherheit

3. Vorbeugung vor Ermüdung und Erhaltung der Leistungsfähigkeit

Durch arbeitsgestaltende und arbeitsorganisatorische Maßnahmen soll der Ermüdung am Arbeitsplatz und dem steigenden Leistungsdruck entgegengewirkt und die Leistungsfähigkeit des Menschen erhalten werden. Ermüdung führt praktisch immer zu einem Absinken der Leistung. Damit erhöht sich das Unfallrisiko. Darüber hinaus ist auch die Qualität der Produkte beeinträchtigt. Um das zu vermeiden, müssen die Arbeitsinhalte an den Menschen angepaßt und das Alter des Menschen beachtet werden. Dabei müssen die Fähigkeiten, Fertigkeiten und Neigungen des Menschen berücksichtigt werden.

Der Gesundheitspolitik und dem Arbeitnehmerschutz muß in der politischen Öffentlichkeit der gleiche Stellenwert eingeräumt werden wie der Umwelt- oder Beschäftigungspolitik. Die Gefährdung der Gesundheit der Arbeitnehmer darf nicht als „normaler Bestandteil" des betrieblichen Alltags angesehen werden. Das öffentliche Interesse muß auch den Ereignissen hinter den Betriebstoren gelten.

Entscheidend ist es, ob es gelingt, den Gesundheitsschutz am Arbeitsplatz zu einem breiten öffentlichen Anliegen zu machen und ihm damit jenen Stellenwert einzuräumen, der ihm aufgrund seiner sozialen und ökonomischen Bedeutung zukommt, denn die Gesundheit ist noch immer das wertvollste Gut des Menschen.

Unfallursachen

Ein Unfall ist immer ein außergewöhnliches und ein nicht geplantes Ereignis. Dabei kann es zu einem Personenschaden und/oder zu einem Sachschaden kommen. Die Aufgliederung der Arbeitsunfälle nach Unfallursachen ergibt, daß in ihrer Reihenfolge Sturz und Fall von Personen, maschinelle Betriebseinrichtungen, scharfe und spitze Gegenstände, Herab- und Umfallen von Gegenständen, Fahrzeuge und andere Beförderungsmittel, Anstoßen, Handwerkzeuge und einfache Geräte am häufigsten als Unfallursache vertreten sind. Diese Unfallursachen können auf drei Hauptfaktoren zurückgeführt werden:

– sicherheitswidrige Zustände
– sicherheitswidriges Verhalten
– höhere Gewalt.

Sicherheitswidrige Zustände

Gewissermaßen einen „Nährboden" für Unfälle bilden technische Mängel, fehlende Sicherheitseinrichtungen, die unzureichende Wartung von

Stand und Entwicklung Sicherheit

Maschinen sowie mangelnde Ordnung und Sauberkeit. Auch Fehler in der Arbeitsorganisation führen zu sicherheitswidrigen Zuständen, wobei es sich meist um Mängel in der Arbeitsgestaltung, im Personaleinsatz, um Aufsichtsmängel und um zu hohen Leistungsdruck handelt.

Sicherheitswidrige Zustände entstehen letztlich nicht durch die eingesetzte Technik oder die gewählte Organisation, sondern dahinter steht immer ein Mensch, der Technik und Organisation derart vernachlässigt hat, daß Mängel und Fehler auftreten, die dann als vermeintliche Unfallursache herhalten.

Diese Mängel treten oft auch deswegen auf, weil man glaubt, kurzfristige Vorteile zu Lasten des Arbeitnehmerschutzes erzielen zu können. Durch geeignete Vorsorgemaßnahmen können sicherheitswidrige Zustände vermieden werden.

Sicherheitswidriges Verhalten

Der Ausdruck „menschliches Versagen" im Arbeitnehmerschutz ist unzweckmäßig. Bei seiner Verwendung gewinnt man nur allzu leicht den Eindruck, daß ein unabwendbares, schicksalhaftes Ereignis als Unfallursache herhalten muß.

Unfälle beruhen jedoch auf Ursachen, die erkennbar und klar beschreibbar sind und die daher vermieden werden können. Der Fahrer, der beim Verlassen seines Gabelstaplers den Schlüssel stecken läßt, handelt nicht aus „menschlichem Versagen", sondern er handelt sicherheitswidrig und entgegen bestehenden Arbeitnehmerschutzvorschriften.

Ursachen für sicherheitswidriges Verhalten sind:
– 20 % Nicht-Wissen (nicht unterwiesen, mangelhaft ausgebildet)
– 70 % Nicht-Wollen (bewußtes oder fahrlässiges Handeln gegen bestehende Arbeitnehmerschutzvorschriften)
– 10 % Nicht-Können (aus geistigen und/oder körperlichen Gründen).

Sicherheitsgerechtes Verhalten kann ohne vorbildhaftes Verhalten nicht überzeugend umgesetzt werden. Ein „gutes" Beispiel: Die Tragepflicht für Schutzhelme muß auch von Werksdirektor und Betriebsrat eingehalten werden.

Höhere Gewalt

Der Anteil an tatsächlich unvermeidbaren Unfällen beträgt nach allgemeiner Auffassung der Experten nicht mehr als 2 %. Höhere Gewalt ist dadurch gekennzeichnet, daß unerwartet und unvorhersehbar ein Unfall eintritt, mit dem niemand rechnen und gegen den man sich deshalb auch nicht schützen konnte.

Die Bedeutung von Beinaheunfällen

Viele Arbeitsunfälle entstehen dadurch, daß erste Alarmzeichen nicht beachtet und Gefahrenquellen wohl bemerkt, aber nicht gemeldet werden, sodaß sie auch nicht beseitigt werden können. Wenn beispielsweise ein Arbeitnehmer stürzt, weil der Boden uneben ist, sich aber dabei nicht verletzt, so ist das ein Beinaheunfall. Die Bodenunebenheit muß beseitigt werden, und damit ist die „Gefahrenquelle" ausgeschaltet.

Wenn im Betrieb eine Leiter verwendet wird, deren Sprossen zum Teil aufgenagelt und schadhaft sind, und der hinaufsteigende Arbeitnehmer deshalb abrutscht, ohne sich dabei jedoch zu verletzen, ist das ein Beinaheunfall. Auch in diesem Fall muß die Ursache ausgeschaltet werden, indem die Leiter „aus dem Verkehr" gezogen wird.

Zur Meldung von Ereignissen, die beinahe zu einem Arbeitsunfall geführt hätten, ist jeder Arbeitnehmer verpflichtet. Die Meldung hat sowohl an den zuständigen Vorgesetzten als auch an den Betriebsrat sowie gegebenenfalls an die Sicherheitsfachkraft und an die Sicherheitsvertrauensperson zu erfolgen. Die Meldung solcher Ereignisse verpflichtet dazu, unverzüglich Maßnahmen zu setzen, die für die Zukunft eine Wiederholung ausschließen.

Eine der wichtigsten Maßnahmen, um Arbeitsunfälle zu vermeiden, ist die „Beinahe-Unfälle" zu analysieren und daraus umgehend die richtigen Konsequenzen zu ziehen. Im Zusammenhang mit der Setzung von Maßnahmen im Hinblick auf einen „Beinahe-Unfall" ist auch die Unterweisung der davon betroffenen Arbeitnehmer über die bestehenden betrieblichen Gefahren zu wiederholen.

Betriebswirtschaftliche Kosten von Arbeitsunfällen

Nach Berechnungen der Allgemeinen Unfallversicherungsanstalt kostet jeder einzelne Arbeitsunfall dem Betrieb, in dem er sich ereignet, durchschnittlich 27.000 Schilling. Das ergibt hochgerechnet einen Betrag von etwa 5 Milliarden Schilling, den die österreichischen Betriebe zu tragen haben. Folgt man den herkömmlichen Theorien, wäre es relativ leicht, rund die Hälfte dieser Arbeitsunfälle zu verhindern und damit die Kostenbelastung für die Betriebe zu halbieren.

Welch enorme Bedeutung der betrieblichen Erfassung der Unfallkosten zukommt, zeigt nachfolgende Kostenartenaufstellung:

Stand und Entwicklung Sicherheit

Personalkosten

Unfallbedingte organisatorische Disposition, Lohnkosten (Entgeltfortzahlung), Arbeitszeitkosten für Ersthelfer, Aufräumungsarbeiten, Reparaturzeiten, Störung des Betriebsablaufes etc.

Sachkosten

Materialschäden an der Maschine bzw. an anderen Sachwerten

Ertrags- und Umsatzverluste

Verursacht durch Qualitätsmängel, Lieferverzug u. a. m.

Straf- und Gerichtskosten

Verwaltungsstrafe, Gerichtskosten, Anwaltskosten

Imageverlust

Noch immer gibt es viele Betriebe, die keine Antwort auf die Frage nach den betriebswirtschaftlichen Kosten der Arbeitsunfälle geben können, weil sie derartige Kosten nicht gesondert erfassen.

Volkswirtschaftliche Kosten von Arbeitsunfällen

Die volkswirtschaftlichen Kosten von Schäden und Ausfällen, die durch Arbeitsunfälle verursacht werden, nennt man Arbeitsunfallkosten. Mit den Arbeitsunfallkosten sollen die negativen Folgen der Arbeitsunfälle, soweit dies möglich ist, erfaßt und ausgedrückt werden. Nach Berechnungen von Experten entsteht durch Arbeitsunfälle unserer Volkswirtschaft ein jährlicher Schaden in der Höhe von rund 30 Milliarden Schilling.

Wenn beispielsweise ein Facharbeiter seine erlernten und erworbenen Fähigkeiten aufgrund eines Arbeitsunfalles der Volkswirtschaft nicht mehr zur Verfügung stellen kann, weil er dauernd invalid ist, so kommt dies aus volkswirtschaftlicher Sicht einer Vernichtung von nutzbaren Werten gleich. Wenn ein Betriebsmittel infolge eines Arbeitsunfalles zerstört wird, ist es bis zu seiner Reparatur nicht benützbar. Somit wurden, volkswirtschaftlich betrachtet, nutzbare Werte zumindest eine Zeitlang nicht genutzt.

Arbeitsunfälle verursachen aber nicht nur materielle, sondern auch immaterielle – in Geld nicht bewertbare – Schäden. Die immateriellen Folgen werden von den Betroffenen unterschiedlich wahrgenommen. Sie drücken sich in Angst, Schmerz, Schock, Verlust an Lebensqualität und Verlust an Sozialprestige aus.

Unfallverhütung

Die enormen Kosten und das persönliche Leid verpflichten dazu, Unfallverhütung intensiv zu betreiben. Unter Unfallverhütung wird die Gesamtheit aller vorbeugenden, überwiegend technischen und psychologischen Maßnahmen der Arbeitssicherheit verstanden. Sie stellt eine ethische und menschliche Verpflichtung dar.

Dabei muß nach folgenden Grundsätzen vorgegangen werden:

1. Grundsatz: Gefahren müssen vermieden werden

Arbeitsplatz, Arbeitsverfahren und Arbeitsablauf müssen so beschaffen und gestaltet sein, daß Gefährdungen für den Menschen nicht entstehen können.

2. Grundsatz: Unvermeidbare Gefahren müssen abgeschirmt werden

Nicht alle Gefahren können in der modernen Arbeitswelt beseitigt werden. Daher müssen Gefahrenquellen entsprechend abgeschirmt werden, um den Zugang zu verhindern.

3. Grundsatz: Menschen schützen

Können Gefahrenquellen weder beseitigt noch abgeschirmt werden, muß der arbeitende Mensch durch geeignete persönliche Schutzausrüstung geschützt werden.

Darüber hinaus muß als oberster Grundsatz immer gelten, daß die zu wählende Schutzmaßnahme selbst nicht eine zusätzliche Gefährdung oder unzumutbare Belastung hervorrufen darf.

Arbeitssicherheit – ein Unternehmensziel

In unserer Gesellschaft steht die Achtung vor dem Mitmenschen und die Menschenwürde an erster Stelle. Die Vermeidung arbeitsbedingter Personenschäden ist daher eine selbstverständliche und zutiefst menschliche Aufgabe, denn hinter jedem Unfall stehen die Schicksale der unmittelbar und mittelbar betroffenen Menschen. Für die Festlegung der Arbeitssicherheit als unternehmerische Zielsetzung gibt es also **humanitäre Gründe**.

Im Sinne der auf Wertschöpfung ausgerichteten Funktion des Betriebes hat die Arbeitssicherheit eine große Bedeutung. Störfälle und die mit ihnen oft verbundenen Personen- und Sachschäden beeinflussen die betrieblichen Produktionsfaktoren Organisation, Arbeit und Kapital. Gelingt es, Häufigkeit und Schwere von Störfällen und Personenschäden zu vermindern oder den Wirkungsgrad von Maßnahmen zur Vermeidung von Störungen und zur Verbesserung der Arbeitssicherheit zu erhöhen, so wird damit im Betrieb der wirtschaftliche Erfolg unmittelbar vergrößert. Hier liegt eine wesentliche Triebfeder für die Intensivierung der betrieblichen Störungsvermeidung und damit der Unfallverhütung durch den Unternehmer. Es gibt also auch wichtige **betriebswirtschaftliche Gründe**, um Arbeitssicherheit als unternehmerisches Ziel festzulegen.

Kosten für berufsbedingte Personenschäden (Unfälle, Berufskrankheiten) und für damit zusammenhängende Sachschäden sind im Rahmen einer volkswirtschaftlichen Erfolgsrechnung eine Vergeudung von nutzbaren Werten. Jede Verhütung von Personen- und Sachschäden – und hier setzt das besondere Interesse des Staates ein – hat eine Verbesserung der Wertschöpfung und damit des Nettosozialproduktes und letztlich des Volkseinkommens zur Folge. Betriebe sind ein wichtiges Element der Volkswirtschaft und profitieren an der Kaufkraft im Inland. Es gibt daher auch **volkswirtschaftliche Gründe** für die Festlegung der Arbeitssicherheit als unternehmerische Zielsetzung.

Alle bisherigen Erfahrungen aus Betrieben, die „Arbeitssicherheit" als unternehmerische Zielsetzung festgelegt haben und zweckdienliche Maßnahmen zur Erreichung dieses Zieles setzen, zeigen, daß durch den Rückgang der Unfallereignisse, durch steigende Arbeitszufriedenheit u. a. m. beachtliche betriebswirtschaftliche Erfolge erzielt werden.

Arbeitnehmerschutz – historische Entwicklung

Das Arbeitnehmerschutzrecht ist das älteste Teilgebiet des Arbeitsrechts. Es entstand als Reaktion gegen die Ausbeutung und Verelendung der arbeitenden Bevölkerung in der Frühzeit der industriellen Entwicklung. Am Beginn der Entwicklung der Arbeitnehmerschutzgesetzgebung Österreichs standen Maßnahmen zum Schutz jugendlicher Arbeiter.

In der Monarchie wurde 1842 die Fabriksarbeit von Kindern unter neun Jahren verboten und für Neun- bis Zwölfjährige mit zehn Stunden täglich begrenzt. Für Jugendliche bis zu 16 Jahren war ein zwölfstündiger Arbeitstag festgelegt worden. Zugleich wurde für Kinder und Jugendliche bis 16 Jahren die Nachtarbeit in den Fabriken verboten.

Weitere Fortschritte auf dem Gebiet des Arbeitnehmerschutzes brachte 1854 das Allgemeine Berggesetz und 1859 die (alte) Gewerbeordnung. Durch die Gewerbeordnung wurde die Arbeitszeit für Kinder und Jugendliche abermals herabgesetzt. Außerdem enthielt sie Vorschriften über die Erlassung von Arbeitsordnungen und über Einrichtungen, durch die sich die Behörde jederzeit Kenntnis von der Lage der Arbeitnehmer eines Betriebes verschaffen konnte. Aber erst 1883 entschloß man sich zur Einsetzung von Gewerbe-

Stand und Entwicklung Sicherheit

inspektoren, um die Einhaltung der damals noch wenigen Arbeitnehmerschutzvorschriften in den Betrieben überwachen zu können.

Mit der 2. Novelle zur (alten) Gewerbeordnung im Jahr 1885 kam es dann zu einem weiteren Ausbau des Arbeitnehmerschutzes. Diese Novelle legte den elfstündigen Arbeitstag fest, Fabriksarbeit war erst ab 14 Jahren gestattet, und Jugendliche bis zu 16 Jahren durften nur zu leichten Arbeiten herangezogen werden. Darüber hinaus wurden erste Vorschriften zur Verhütung von Betriebsgefahren erlassen, und das Trucksystem[1] wurde verboten.

1895 brachte das Sonntagsruhegesetz die Arbeitsruhe an Sonntagen. 1913 sind die Bestimmungen der (alten) Gewerbeordnung zum Arbeitnehmerschutz ergänzt worden. Diese Vorschriften blieben im wesentlichen unverändert bis Ende 1972 in Kraft. Sie waren die gesetzliche Grundlage für die später zahlreich erlassenen Verordnungen zum „technischen" Arbeitnehmerschutz.

In der Ersten Republik wurde unter Ferdinand Hanusch im Bereich des Arbeitnehmerschutzes vor allem der Arbeitszeitschutz auf der Grundlage des Achtstundentages (1919) neu geregelt und der Kinderschutz verstärkt. 1921 verabschiedete der Nationalrat das Gewerbeinspektionsgesetz, das den sachlichen Geltungsbereich und die Amtsbefugnisse der Gewerbeinspektion den durch die sozialpolitische Entwicklung geänderten Erfordernissen anpaßte.

Nach 1945 kam es in allen drei Bereichen des Arbeitnehmerschutzes zu deutlichen Verbesserungen. Neu geregelt wurde zum Beispiel die Arbeitsruhe an Feiertagen, der Jugendschutz, der Schutz der Heimarbeiter und der Mutterschutz. Das Arbeitsinspektionsgesetz löste die in der NS-Zeit und im Krieg erlassenen Arbeitsaufsichtsvorschriften ab. Zahlreiche Vorschriften zum „technischen" Arbeitnehmerschutz, wie die Allgemeine Dienstnehmerschutzverordnung, Bauarbeiterschutzverordnung usw., traten in Kraft. Auf Grundlage einer neuen Bestimmung in der (alten) Gewerbeordnung wurde mit der Maschinen-Schutzvorrichtungsverordnung ein vorbeugender Gefahrenschutz geschaffen.

1969 ersetzte das Arbeitszeitgesetz die Arbeitszeitordnung und brachte eine etappenweise Verkürzung der Arbeitszeit auf wöchentlich 40 Stunden. 1973 ist das Arbeitnehmerschutzgesetz wirksam geworden. Es löste den nach heutiger Auffassung nicht mehr zur Gewerbeordnung gehörenden Rechtsbereich des Arbeitnehmerschutzes von der Gewerbeordnung. Im Jahre 1974 erhielt die Arbeitsinspektion durch das Arbeitsinspektionsgesetz eine neue Rechtsgrundlage. 1981 wurde das Nachtschicht-Schwerarbeitsgesetz (NSchG) erlassen. Dieses Gesetz brachte für eine bestimmte Arbeitnehmergruppe unter anderem einen verstärkten vorbeugenden Gesundheitsschutz.

---

1) Trucksystem: Bezahlung der Arbeiter in Waren, insbes. in Lebens-, Genußmitteln

Stand und Entwicklung Sicherheit

Die arbeitsmedizinische und sicherheitstechnische Betreuung der Arbeitnehmer ist 1982 auf Betriebe mit über 250 Beschäftigten durch eine Novelle zum Arbeitnehmerschutzgesetz sowie durch die Verordnung über Einrichtungen in den Betrieben für die Durchführung des Arbeitnehmerschutzes ausgeweitet worden. Im Jahr 1983 beschloß der Nationalrat das Arbeitsruhegesetz, das mit 1. Juli 1984 in Kraft trat. Mit Jahresbeginn 1984 wurde die Allgemeine Arbeitnehmerschutzverordnung (AAV) wirksam, die die Allgemeine Dienstnehmerschutz-Verordnung aus dem Jahr 1951 großteils ersetzte.

Mit dem am 1. April 1993 in Kraft getretenen Arbeitsinspektionsgesetz wurden die Aufgaben und Befugnisse der Arbeitsinspektion neu geregelt. Die wichtigste Neuerung betraf die Regelung zur Bestellung zum verantwortlichen Beauftragten. Für die Einhaltung von Arbeitnehmerschutzvorschriften dürfen Arbeitnehmer nur dann zum verantwortlichen Beauftragten bestellt werden, wenn sie leitende Angestellte sind, denen maßgebliche Führungsaufgaben selbstverantwortlich übertragen sind.

Schon 1992 wurde mit den Verhandlungen zur innerstaatlichen Umsetzung von 21 EU-Arbeitnehmerschutzrichtlinien gemäß Artikel 118 a EWG-Vertrag begonnen, weil sich Österreich mit dem Abkommen über den Europäischen Wirtschaftsraum dazu verpflichtete. Dabei kam der Grundsatz zur Anwendung: Soweit das geltende österreichische Recht strenger ist, ist es beizubehalten, soweit EU-Recht strenger ist, muß das österreichische Recht angepaßt werden. Das neue ArbeitnehmerInnenschutzgesetz, Ergebnis intensiver Sozialpartnerverhandlungen, wurde am 25. Mai 1994 vom Nationalrat beschlossen. Obwohl etliche Neuregelungen Kompromißlösungen sind, stellt das neue Gesetz einen Meilenstein auf dem Weg zu mehr Gesundheit in der Arbeitswelt dar.

Das Arbeitnehmerschutzrecht

Das Arbeitnehmerschutzrecht ist als Recht zum Schutz des Lebens, der Gesundheit und der Sittlichkeit konzipiert. Der Normadressat ist prinzipiell der Arbeitgeber, der die entsprechenden Maßnahmen zur Einhaltung der Arbeitnehmerschutzvorschriften setzen muß. Die Durchführung und Einhaltung der Schutzvorschriften wird durch staatliche Behörden (zum Beispiel die Arbeitsinspektion) überwacht. Zur Rechtsdurchsetzung kann gegebenenfalls ein Verwaltungsstrafverfahren eingeleitet werden.

- Die Durchsetzung der Arbeitnehmerschutzvorschriften ist wegen der besonderen Gefährdung der Arbeitnehmer grundsätzlich nicht den Arbeitgebern überlassen. Vielmehr wird durch staatliche Aufsichtsbehörden, Erfüllungszwang und Strafbestimmungen die Einhaltung der Schutzvorschriften sichergestellt.

- Wegen dieser Eigenschaften wird das Arbeitnehmerschutzrecht üblicherweise dem öffentlichen Recht zugeordnet. Trotzdem räumt die vorherrschende Rechtsmeinung ein, daß das Arbeitnehmerschutzrecht einen unmittelbaren Einfluß auf das Arbeitsverhältnis ausübt.
- Die Brücke von dem einen Rechtsgebiet (Arbeitnehmerschutzrecht) zum anderen (Arbeitsvertragsrecht) bildet die privatrechtliche Fürsorgepflicht des Arbeitgebers. Sie ergibt sich generell aus dem § 1157 Abs. 1 Allgemeines Bürgerliches Gesetzbuch (ABGB). Für Angestellte ist überdies der § 18 Angestelltengesetz (AngG) maßgebend.

§ 1157 Abs. 1 ABGB:

„Der Dienstgeber hat die Dienstleistungen so zu regeln und bezüglich der von ihm beizustellenden oder beigestellten Räume und Gerätschaften auf seine Kosten dafür zu sorgen, daß Leben und Gesundheit des Dienstnehmers, soweit es nach der Natur der Dienstleistung möglich ist, geschützt werden."

§ 18 Abs. 1 AngG:

„Der Dienstgeber ist verpflichtet, auf seine Kosten alle Einrichtungen bezüglich der Arbeitsräume und Gerätschaften herzustellen und zu erhalten, die mit Rücksicht auf die Beschaffenheit der Dienstleistung zum Schutze des Lebens und der Gesundheit der Angestellten erforderlich sind."

§ 18 Abs. 3 AngG:

„Der Dienstgeber hat dafür zu sorgen, daß, soweit es die Art der Beschäftigung zuläßt, die Arbeitsräume während der Arbeitszeit licht, rein und staubfrei gehalten werden, daß sie im Winter geheizt und ausreichende Sitzplätze zur Benutzung für die Angestellten in den Arbeitspausen vorhanden sind."

Auf diese Weise werden die Pflichten des Arbeitgebers aus dem Arbeitnehmerschutzrecht auch zu Pflichten aus dem Arbeitsvertrag. Voraussetzung dafür ist, daß sich diese Pflichten aus dem Arbeitnehmerschutzrecht für eine Anpassung an die Rechtsbeziehung des Arbeitsverhältnisses eignen bzw. dem Arbeitnehmer einen sinnvollen Vorteil verschaffen. Beispielsweise scheiden Ordnungs- und Organisationsvorschriften, wie die Vorlagepflicht von Aufzeichnungen an Behörden, von den sogenannten einwirkungsfähigen Arbeitnehmerschutzvorschriften aus. Zusammenfassend ergibt sich daraus folgendes:

- Der Arbeitnehmer hat einen klagbaren Anspruch auf die Einhaltung der Arbeitnehmerschutzvorschriften gegenüber dem Arbeitgeber. In der Praxis wurde dieser Anspruch allerdings sehr selten durch Klage realisiert.

Stand und Entwicklung Sicherheit

- Bei Verletzung der arbeitnehmerschutzrechtlichen Pflichten durch den Arbeitgeber kann der Arbeitnehmer auch einen Schadenersatzanspruch wegen Vertragsverletzung geltend machen. Derzeit ist dieser Schadenersatzanspruch praktisch ohne Bedeutung, weil die Haftung des Arbeitgebers aus Arbeitsunfällen und Berufskrankheiten nach § 333 Abs. 1 ASVG auf Vorsatz beschränkt ist.
- Die Nichteinhaltung von Arbeitnehmerschutzvorschriften ist auch ein Austritts- und Entlassungsgrund. Einerseits kann der Arbeitnehmer sich bei der Nichteinhaltung von Arbeitnehmerschutzvorschriften durch den Arbeitgeber auf eine Verletzung der „Fürsorgepflicht" berufen und dies allenfalls als Austrittsgrund, bei Wahrung aller seiner Rechte, zum Anlaß nehmen. Andererseits wiederum hat der Arbeitgeber die Möglichkeit, einen Arbeitnehmer, der sich weigert, die Sicherheitsanordnungen des Arbeitsgebers zu befolgen, fristlos zu entlassen. Hier ist nach der Judikatur des Obersten Gerichtshofes davon auszugehen, daß durch die beharrliche Weigerung des Arbeitnehmers eine berechtigte Entlassung deswegen zulässig ist, weil durch das Verhalten des Arbeitnehmers der Arbeitgeber der Gefahr ausgesetzt wird, im Wege eines Verwaltungsstrafverfahrens bestraft zu werden.

Arbeitnehmerschutzrecht – Gliederung

Nach den Gefahren, die durch Arbeitnehmerschutzvorschriften verhindert werden sollen, werden folgende Gebiete des Arbeitnehmerschutzes unterschieden:

- der „technische" Arbeitnehmerschutz
- der Arbeitszeitschutz
- der Verwendungsschutz.

Verschiedentlich wird noch eine weitere Gruppe gebildet: der Vertragsschutz; durch ihn soll der Arbeitnehmer vor einer unsozialen Gestaltung der Arbeitsbedingungen bewahrt und eine angemessene Erfüllung der Arbeitgeberpflichten sichergestellt werden. Als ein Beispiel dafür kann das Truckverbot genannt werden.

Der „technische" Arbeitnehmerschutz

Der „technische" Arbeitnehmerschutz wird oft auch „Gefahrenschutz" genannt. Damit werden üblicherweise jene Rechtsvorschriften zusammengefaßt, durch die der Arbeitnehmer vor den sich im Zusammenhang mit der Leistung der Arbeit und der Eingliederung in der Arbeitsstätte ergebenden Gefahren geschützt werden soll. Der „technische" Arbeitnehmerschutz wen-

Stand und Entwicklung Sicherheit

det sich gegen die Gefahren, die aus den technischen Einrichtungen, den Produktionsverfahren, den Arbeitsmitteln und der Zusammenarbeit mehrerer Menschen in der Arbeitsstätte entstehen können. Seine Vorschriften beziehen sich insbesondere auf die Arbeitsvorgänge, die Gestaltung der Arbeitsplätze, die Beschaffenheit und Ausstattung der Arbeitsräume und sonstigen Räumlichkeiten, auf die in der Arbeitsstätte verwendeten technischen Geräte, die anderen Arbeitsmittel sowie auf die verarbeiteten bzw. verwendeten Arbeitsstoffe.

Der Arbeitszeitschutz

Die Arbeitszeitregelungen sollen die Arbeitnehmer vor einer Überforderung und Abnützung ihrer körperlichen und geistigen Kräfte durch überlange Arbeitszeiten bewahren. Durch die Gewährung und Sicherstellung von Freizeit für den Arbeitnehmer erfüllt der Arbeitszeitschutz darüber hinaus auch wichtige kulturelle und familienpolitische Aufgaben. Das Arbeitszeitrecht regelt vor allem, wann und wie lange der Arbeitgeber seine Arbeitnehmer beschäftigen darf und welche arbeitsfreie Zeiten und Ruhepausen er ihnen gewähren muß.

Das geschieht insbesondere durch die Begrenzung der täglichen und wöchentlichen Arbeitszeit, die Fixierung der zeitlichen Lage der Arbeit, das Vorschreiben von Arbeitspausen und Ruhezeiten sowie durch das Verbot bzw. die Beschränkung der Arbeit an Sonn- und Feiertagen und während der Nacht. Die Vorschriften des Arbeitszeitschutzes regeln jedoch nicht, zu welcher Arbeitszeit der einzelne Arbeitnehmer verpflichtet ist. Das ist Gegenstand einer arbeitsrechtlichen Regelung, vor allem im Arbeits- oder Kollektivvertrag.

Der Verwendungsschutz

Der Verwendungsschutz ist ein Sonderschutz für einzelne Gruppen von Arbeitnehmern. Aus diesem Grund wird er auch personenbezogener oder persönlicher Arbeitnehmerschutz genannt. Dadurch wird der auch für diese Personengruppen geltende allgemeine Arbeitnehmerschutz in einzelnen Bereichen besonders ausgestaltet bzw. wesentlich verstärkt.

In der Regel besteht der Verwendungsschutz aus nach der Schutzbedürftigkeit der Arbeitnehmer abgestuften Gefahren- und Arbeitszeitschutzregelungen. Der Grund dafür kann das Alter (zum Beispiel Jugendliche, Kinder), das Geschlecht (Frauen, Schwangere, Mütter), die körperliche oder gesundheitliche Verfassung (zum Beispiel Behinderte) oder überhaupt die besondere Lage einer Berufsgruppe, zum Beispiel der Heimarbeiter, sein. Das zu deren Schutz geschaffene Heimarbeitsgesetz gehört jedoch nur zum Teil dem eigentlichen und hier dargestellten Arbeitnehmerschutzrecht an.

Stand und Entwicklung Sicherheit

Arbeitnehmerschutzrecht und EU

Schon vor dem EU-Beitritt Österreichs bestand aufgrund des EWR-Vertrages[1] die Pflicht, die Richtlinien der EU in innerstaatliches Recht überzuleiten.

Österreich hat mit dem ArbeitnehmerInnenschutzgesetz, BGBl. Nr. 450/1994 i. d. g. F., die Richtlinien der EU zur Verbesserung der Sicherheit und des Gesundheitsschutzes am Arbeitsplatz für die private Wirtschaft umgesetzt. Für den Bereich des öffentlichen Dienstes (Beamte) ist diese Umsetzung erst teilweise erfolgt und wird in absehbarer Zeit aber durch entsprechende Regelungen im „Bundesbediensteten-Schutzgesetz" abgeschlossen sein.

Gegenstand der verschiedenen Richtlinien sind Festlegungen über grundlegende Sicherheitsanforderungen. Dahinter steht das Konzept der EU, daß für alle auf den Markt gebrachten technischen Produkte gemeinschaftsweit allgemeine Sicherheitsanforderungen bestehen sollen, damit nur „sichere" Produkte in den Verkehr gebracht werden. Ziel ist der Abbau technischer Handelshemmnisse und die Erreichung eines hohen Schutzniveaus.

Für die Konkretisierung der grundlegenden Sicherheitsanforderungen hat die EU das Europäische Komitee für Normung (CEN) beauftragt. Damit steigt die Bedeutung von Europäischen Normen für den technischen Arbeitnehmerschutz, zumal die Grundsätze der Gefahrenverhütung für technische Erzeugnisse bereits in der Phase der Konstruktion beachtet werden müssen. Die europaweite Normung wurde zu einem wesentlichen Instrument einer sozialverträglichen Technikgestaltung.

Das ArbeitnehmerInnenschutzgesetz

Das ArbeitnehmerInnenschutzgesetz (ASchG) vom 17. Juni 1994, BGBl. Nr. 450 i. d. g. F., bildet mit 1. Jänner 1995 die neue Grundlage für den Schutz des Lebens, der Gesundheit und der Sittlichkeit der ArbeitnehmerInnen. Das neue ArbeitnehmerInnenschutzgesetz gilt für ArbeitnehmerInnen, die im Rahmen eines Beschäftigungs- oder Ausbildungsverhältnisses in Arbeitsstätten, auf auswärtigen Arbeitsstellen und auf Baustellen tätig sind. Arbeitsstätten können sowohl in Gebäuden als auch im Freien sein.

Baustellen sind zeitlich begrenzte oder ortsveränderliche Baustellen, an denen Hoch- und Tiefbauarbeiten durchgeführt werden. Für Bauarbeiten gilt es, neben den Bestimmungen des ArbeitnehmerInnenschutzgesetzes

---

1) EWR-Vertrag, Vertrag über den Europäischen Wirtschaftsraum

Stand und Entwicklung Sicherheit

noch insbesondere die Vorschriften der Bauarbeiterschutzverordnung (Bau-V), BGBl. Nr. 340/1994 i. d. g. F., zu beachten.

Auswärtige Arbeitsstellen sind alle Orte außerhalb von Arbeitsstätten, an denen andere Arbeiten als Bauarbeiten verrichtet werden.

Vom Geltungsbereich des ASchG sind einige Bereiche ausgenommen. Es gilt nicht für die Beschäftigung von:

– ArbeitnehmerInnen der Länder, Gemeinden und Gemeindeverbände, die nicht in Betrieben beschäftigt sind;
– ArbeitnehmerInnen des Bundes in Dienststellen, auf die das Bundesbediensteten-Schutzgesetz, BGBl. Nr. 164/1977, anzuwenden ist;
– ArbeitnehmerInnen in land- und forstwirtschaftlichen Betrieben im Sinne des Landarbeitsgesetzes 1984, BGBl. Nr. 287;
– Hausgehilfinnen und Hausangestellte in privaten Haushalten;
– Heimarbeiter im Sinne des Heimarbeitsgesetzes 1960, BGBl. Nr. 105/1961;
– für bestimmte unter das Berggesetz fallende Tätigkeiten.

Gefahren erkennen – Gefahren vermeiden

Erstmals wird mit dem neuen ArbeitnehmerInnenschutzgesetz der oberste sicherheitstechnische Grundsatz, wonach nur eine erkannte Gefahr ausgeschaltet oder minimiert werden kann, als zwingende Rechtsvorschrift festgelegt. Die Arbeitgeber sind verpflichtet, die für die Sicherheit und Gesundheit der Arbeitnehmer bestehenden Gefahren zu ermitteln und zu beurteilen und auf Grund dieses Wissens die geeigneten Maßnahmen zur Gefahrenverhütung festzulegen. Dabei sind insbesondere zu berücksichtigen:

1. die Gestaltung und die Einrichtung der Arbeitsstätte
2. die Gestaltung und der Einsatz von Arbeitsmitteln
3. die Verwendung von Arbeitsstoffen
4. die Gestaltung der Arbeitsplätze
5. die Gestaltung der Arbeitsverfahren und Arbeitsvorgänge und deren Zusammenwirken
6. der Stand der Ausbildung und die Unterweisung der Arbeitnehmer.

Die Arbeitgeber haben allerdings die Möglichkeit, geeignete Fachleute, wie beispielsweise Sicherheitsfachkräfte und Arbeitsmediziner, mit der Durchführung der Gefahrenermittlung und -beurteilung zu beauftragen. In Arbeitsstätten ab 250 Beschäftigten gelten diese Verpflichtungen ab dem 1. Juli 1995. Für Arbeitsstätten mit weniger als 250 Beschäftigten tritt diese Regelung mit 1. Jänner 1997 in Kraft.

Stand und Entwicklung Sicherheit

Darüber hinaus hat der Gesetzgeber den Zeitpunkt fixiert, bis zu dem die Gefahrenermittlung abgeschlossen sein muß, und dabei die Zahl der Beschäftigten berücksichtigt. Die Gefahrenermittlung und die Festlegung entsprechender Vorsorgemaßnahmen muß zu nachfolgenden Terminen abgeschlossen sein:

für Arbeitsstätten mit mehr als 100 Arbeitnehmern am 1. Juli 1997

für Arbeitsstätten mit 51–100 Arbeitnehmern am 1. Juli 1998

für Arbeitsstätten mit 11–50 Arbeitnehmern am 1. Juli 1999

für Arbeitsstätten bis zu 10 Arbeitnehmern am 1. Juli 2000.

- Die Ergebnisse der Gefahrenermittlung und -beurteilung sowie die festgelegten Maßnahmen zur Gefahrenvermeidung oder Gefahrenminimierung müssen in eigenen Sicherheits- und Gesundheitsschutzdokumenten festgehalten werden.
- Der Arbeitgeber erhält durch die Gefahrenermittlung und -beurteilung ein umfassendes Bild über die allfällig vorhandenen Gefahrensituationen im Betrieb und wird dadurch in die Lage versetzt, Gefahren systematisch auszuschalten bzw. zu minimieren. Als „Nebenprodukt" der Gefahrenermittlung werden zumeist auch Mängel in der Arbeitsorganisation sichtbar.
- Die Organe der Arbeitsinspektion haben damit verbesserte Kontrollmöglichkeiten.
- Die betrieblichen Interessenvertretungen und die Sicherheitsvertrauenspersonen bzw. dort, wo solche nicht bestehen, alle Arbeitnehmer müssen Zugang zu diesen Dokumenten haben, sodaß im Prinzip jeder einzelne Arbeitnehmer in Zukunft über die Gefahren der Arbeit besser als bisher informiert werden kann.

Die Reihenfolge der Maßnahmen zur Gefahrenverhütung ist von besonderer Bedeutung. Der Gesetzgeber verlangt daher von den Arbeitgebern das Setzen von **Maßnahmen zur Gefahrenverhütung** in folgender Reihung:

1. Vermeidung von Risiken
2. Abschätzung nicht vermeidbarer Risiken
3. Gefahrenbekämpfung an der Quelle
4. Berücksichtigung des Faktors „Mensch" bei der Arbeit, wobei dies nicht nur für die ergonomische Gestaltung, sondern auch für die Arbeits- und Fertigungsverfahren (zum Beispiel eintönige Arbeit, maschinenbestimmter Rhythmus) gilt.
5. Berücksichtigung des Standes der Technik
6. Ausschaltung oder Verringerung von Gefahrenmomenten

Stand und Entwicklung Sicherheit

7. Planung der Gefahrenverhütung mit dem Ziel einer zusammenhängenden Verknüpfung von Technik, Arbeitsorganisation, Arbeitsbedingungen, sozialen Beziehungen und Einfluß der Umwelt auf den Arbeitsplatz
8. Vorrang des kollektiven Gefahrenschutzes vor individuellem Gefahrenschutz
9. Erteilung geeigneter Anweisungen an die Arbeitnehmer.

Die Allgemeine Unfallversicherungsanstalt und die Arbeiterkammer in Zusammenarbeit mit der Wirtschaftskammer haben einfach zu handhabende Gefahrenermittlungssysteme ausgearbeitet, die vor allem kleineren Betrieben helfen, die Ermittlung und Beurteilung der Gefahren rasch und zielorientiert durchzuführen. Diese Hilfsmittel zur Gefahrenermittlung stehen den Betrieben kostenlos zur Verfügung.

Stand und Entwicklung Umwelt

> Und sie sägten an den Ästen,
>
> auf denen sie saßen, und schrien sich zu ihre Erfahrungen,
>
> wie man besser sägen könne,
>
> und fuhren mit Krachen in die Tiefe,
>
> und die ihnen zusahen beim Sägen,
>
> schüttelten die Köpfe
>
> und sägten kräftig weiter.
>
> (Bert Brecht)

2.3 Umwelt

Entwicklung der Umweltproblematik

Die Umweltproblematik stellt einen Themenkreis dar, der schon seit Jahren auf breitester Basis diskutiert wird. Ein Blick zurück in die Geschichte zeigt, daß durch den Menschen verursachte Umweltbelastungen schon in der Antike zu Problemen führten: So verpesteten nach Hippokrates (406 bis 377 v. Chr.) im klassischen Griechenland die Dünste von Gerbereien die Luft, während die Silberschmelzen gar giftige Abgase „gen Himmel sandten". Im alten Rom hatten die Senatoren Mühe, ihre Gewänder weiß zu halten, weil die Luft voller Ruß war. Julius Cäsar verbot wegen ständiger Verkehrsüberlastung den Wagenverkehr in der Innenstadt von Rom. Napoleon schließlich erließ bereits 1810 ein Dekret bezüglich der Immissionen, das sich gegen die Erregung „ungesunder, fauler und widerwärtiger Gerüche" wandte. Heute sind Schlagzeilen über die verschiedensten Umweltbelastungen etwas Alltägliches, was zu einer derartigen Gewöhnung geführt hat, daß beinahe nur noch große Umweltkatastrophen, wie der Atomunfall in Tschernobyl oder der Brand in einem Chemikalienlager bei Basel, in das Bewußtsein dringen können.

Bei der Vielzahl der möglichen Probleme stellt sich die Frage, worin denn überhaupt „die Umweltproblematik" besteht. Eines der Grundprobleme liegt darin, daß die Menschheit als Ganzes mehr Ressourcen verbraucht, als regeneriert werden. Der weltweite Ressourcenverbrauch wiederum wird von zwei Faktoren bestimmt: der Anzahl der verbrauchenden Menschen und dem

Stand und Entwicklung Umwelt

Ressourcenverbrauch pro Kopf. Was die Größe der Weltbevölkerung betrifft, so hat sich diese seit 1950 mehr als verdoppelt. Im selben Zeitraum hat sich der Weltenergieverbrauch mehr als vervierfacht. In den nächsten 30 Jahren wird sich die Weltbevölkerung noch einmal auf dann über 10 Milliarden Menschen verdoppeln.

Der weltweite Pro-Kopf-Verbrauch an Umweltressourcen wird sich in absehbarer Zeit mit ziemlicher Sicherheit bedeutend erhöhen. Das kräftige Wirtschaftswachstum einiger fernöstlicher Entwicklungs- und Schwellenländer (zum Beispiel Indien, China, Vietnam), die im Augenblick dabei sind, ihren Lebensstandard (und damit ihren Ressourcenverbrauch) an den der hochindustrialisierten Nationen heranzuführen, beschleunigt diese Entwicklung besonders stark. Es ist zu erwarten, daß bei diesem Aufholprozeß der Umweltschutz unter die Räder kommt und der weltweite Druck auf die Umwelt verschärft wird (CO_2-Emission, Energieverbrauch ...)

Weltweit zeigen sich bereits Streßsymptome der Natur als Antwort auf die zu starke Inanspruchnahme durch die Menschheit: die Gefahr von Klimaveränderungen durch das Abholzen der tropischen Regenwälder oder durch den drastischen Anstieg der Treibhausgase aus menschlichen Aktivitäten, die Zerstörung der Ozonschicht durch chlorierte Kohlenwasserstoffe oder das Verschwinden zahlreicher Tier- und Pflanzenarten. Zu diesen global feststellbaren Auswirkungen von Umweltbelastungen kommt noch eine Vielzahl regionaler und lokaler Streßsymptome wie saurer Regen, Waldsterben, Verschmutzung ganzer Flußsysteme u. ä. Abbildung 7 zeigt beispielhaft für diese Symptome, wie sich die Anzahl der Naturkatastrophen seit 1970 laufend erhöht hat. Welchen Vorwürfen wäre wohl das Management eines Unternehmens ausgesetzt, wenn es vergleichbare Existenzrisiken signalisiert bekäme und nicht sofort gegensteuerte?

Die Herausforderung besteht darin, die steigenden Trends hinsichtlich des Ressourcenverbrauches zu durchbrechen, um zu einer Nachhaltigkeit – im Englischen „Sustainability" – des menschlichen Handelns zu gelangen. „Sustainability" ist zu einem Schlüsselbegriff geworden, seit die Umweltkommission der Vereinten Nationen „Sustainable Development" zum Ziel aller weltweiten ökologischen Anstrengungen erklärt hat. „Sustainable Development" wird dabei als eine Entwicklung definiert, die die Ansprüche der gegenwärtigen Generation befriedigt, ohne die Ansprüche zukünftiger Generationen zu gefährden.

Die Wirtschaft – insbesondere die Industrie – steht vor der Frage, welche Rolle ihr bei der Entwicklung hin zur „Sustainability" zukommt. Fest steht, daß die Wirtschaft einen Teil des Problems darstellt, daß aber ohne sie keine Lösung möglich ist. Zukunftsfähigkeit kann nur durch wirtschaftliche

Stand und Entwicklung Umwelt

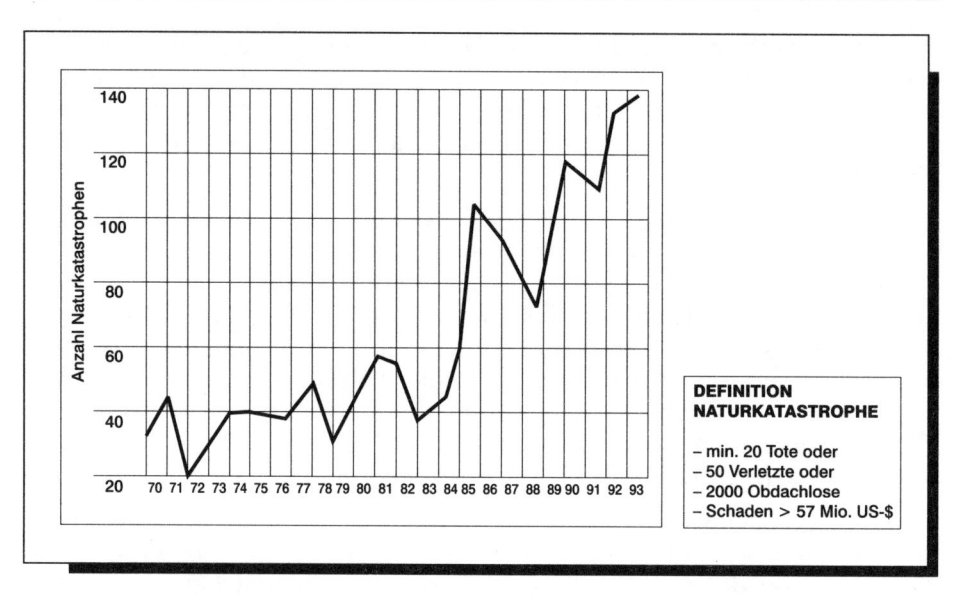

Abb. 7: Steigende Anzahl von Naturkatastrophen als Folge der Klimaveränderung

und technologische Entwicklungen erreicht werden, nicht durch den Rückzug auf Utopien. Anders als bei vielen, die öffentlich Forderungen aufstellen, werden von der Industrie sachgerechte Handlungsprogramme und Taten verlangt.

Industrie und Umweltschutz

Betrachtet man den industriellen Produktionsprozeß, so stellt dieser zunächst die Verknüpfung von Material und Energie dar mit dem Ziel, marktfähige Produkte zu erzeugen. Neben den erwünschten Produkten entstehen zwangsläufig auch Abfälle und Umweltbelastungen, wobei die Abfälle in

- verwertbare (recyclingfähige) und
- nicht weiter verwertbare Abfälle (umweltbelastende)

unterteilt werden können. Von den Produkten selbst können während des Gebrauchs Umweltbelastungen ausgehen, nach Ablauf der Lebensdauer werden die Produkte entweder einem Recyclingprozeß zugeführt oder in die Umwelt „entsorgt".

Die Tatsache, daß einerseits die industriellen Produktionsprozesse die Umwelt zwangsläufig belasten und andererseits die Gesellschaft den An-

Stand und Entwicklung Umwelt

spruch auf eine unversehrte Umwelt stellt, führt zu einer Nutzungskonkurrenz. Diese Konkurrenz tritt umso stärker zutage, je größer die Umweltbelastungen sind oder je geringer die noch vorhandenen Umweltressourcen eingeschätzt werden.

In diese Situation greift der Gesetzgeber regulierend ein, indem er zu aktuellen Problemen entsprechende Regelungen erläßt. Die sich daraus ergebende Flut an Umweltgesetzen und Vorschriften ist mittlerweile in den Industrienationen so stark angewachsen, daß nur mehr wenige Spezialisten den Überblick noch nicht verloren haben.

Die Einhaltung der Umweltschutzvorschriften und darüber hinausgehende freiwillige Umweltschutzaktivitäten sind auch mit erheblichem finanziellem Engagement verbunden: So sind die Umweltschutzaufwendungen der österreichischen Industrie in den vergangenen 25 Jahren auf das Fünfzehnfache angewachsen. Derzeit liegen die Industrieausgaben für Umweltschutz in Österreich bei rund 24 Milliarden ATS jährlich. Während dabei in der Vergangenheit die „Umweltreparaturmaßnahmen" dominierten, steht heute die Umweltvorsorge im Vordergrund. Daß diese Anstrengungen Wirkung zeigen, ist in der nachfolgenden Grafik am Beispiel Luft- und Wasseremissionen durch Österreichs Industrie erkennbar (siehe Abb. 8).

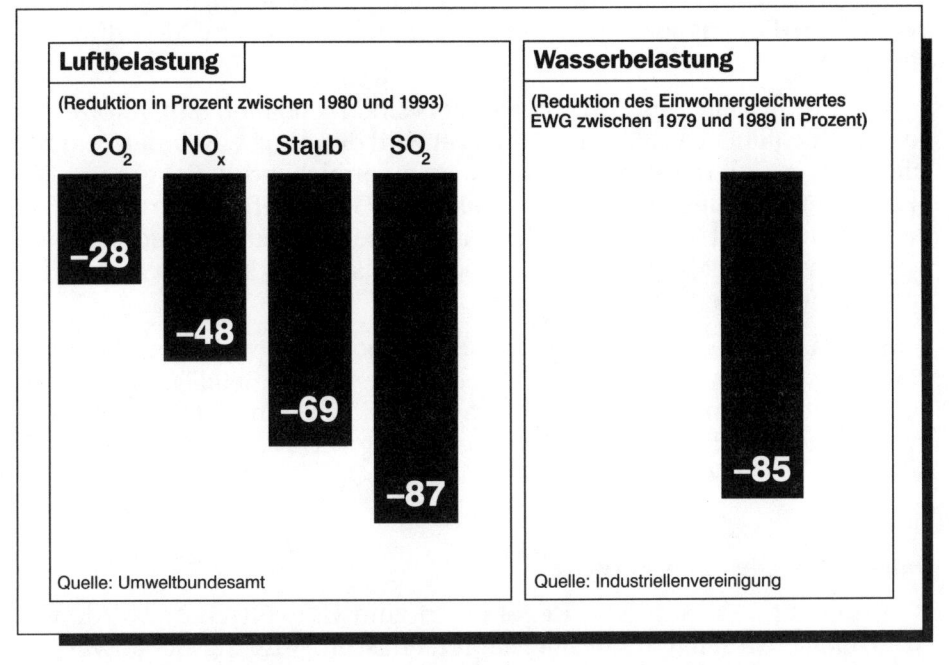

Abb. 8: Emissionsreduktion in Österreichs Industrie zwischen 1980 und 1993

Stand und Entwicklung Umwelt

Gesetzliche Grundlagen des Umweltschutzes

Umweltrecht der Europäischen Union

Beim Abschluß der Gründungsverträge der Europäischen Union (EU) 1957 in Rom spielte der Umweltschutz noch keine Rolle. Anfang der siebziger Jahre wurde die Kommission der EU beauftragt, ein Aktionsprogramm für den Umweltschutz auszuarbeiten, aber erst mit der Unterzeichnung der „Einheitlichen Europäischen Akte" 1987 wurde der Schutz der Umwelt als eigenständiges Ziel der EU festgeschrieben und das Vorsorge- und Verursacherprinzip in der europäischen Umweltpolitik verankert. Seither ist eine Weiterentwicklung der EU von einer reinen Wirtschafts- zu einer Umweltgemeinschaft erkennbar. Im Vertrag von Maastricht beispielsweise wird ein beständiges, umweltverträgliches Wachstum als Ziel der EU definiert, womit Umweltverträglichkeit formell auf eine Ebene mit dem Ziel der Schaffung wirtschaftlichen Wohlstandes gehoben wird.

Eines der Hauptprobleme ist die Harmonisierung der äußerst unterschiedlichen nationalen Umweltvorschriften in den EU-Mitgliedsstaaten: Bei der sehr unterschiedlichen Ausgangssituation bieten Mindestvorschriften praktisch die einzige Möglichkeit einer ersten Angleichung. Für Länder mit hohem Umweltschutzniveau wie Österreich bestehen daher zunächst Nachteile. Es steht den Mitgliedsstaaten allerdings frei, über die gemeinsam festgelegten Maßnahmen zum Umweltschutz hinausgehende Anforderungen vorzuschreiben, sofern diese handels- und wirtschaftspolitisch mit dem EU-Vertrag vereinbar sind.

Die Instrumente des EU-Umweltrechts sind Richtlinien und Verordnungen: Mit Richtlinien als Rahmenvorschrift wird den Mitgliedsländern ein bestimmtes, in einem festgelegten Zeitraum zu erreichendes Ziel gesetzt. Die Staaten müssen diese Vorgaben in nationaler Gesetzgebung umsetzen. Daneben kann die EU Verordnungen erlassen, die in jedem Mitgliedsstaat unmittelbar verbindlich sind. Zahlenmäßig sind bisher im Umweltschutz Richtlinien bedeutsamer als Verordnungen.

Für das Umweltmanagement in Industriebetrieben von besonderer Bedeutung ist die Verordnung 1863/93 über die freiwillige Beteiligung gewerblicher Unternehmen an einem Gemeinschaftssystem für das Umweltmanagement und die Umweltbetriebsprüfung (EU-Öko-Audit-Verordnung oder auch EMAS-Verordnung).

Österreichisches Umweltrecht

Umfassende gesetzliche Regelungen zum Umweltschutz werden in Österreich etwa seit den siebziger Jahren erlassen. Ausgangspunkt war das ständig wachsende Umweltbewußtsein weiter Bevölkerungskreise und die

Stand und Entwicklung Umwelt

damit verbundene Forderung an die Politiker, gesetzliche Vorkehrungen zum Schutz der Umwelt zu treffen. Daraus ist mittlerweile eine wahre Umweltgesetzesflut entstanden (Abb. 9), nicht zuletzt auch aufgrund des politischen Wunsches, Österreich international zu einem Vorreiter in Sachen Umweltschutz zu machen. Dazu kommt, daß die Kompetenzen für die verschiedenen Umweltgesetzesmaterien auf unterschiedliche Ministerien (Umweltminister, Wirtschaftsminister, Land- und Forstwirtschaftsminister) sowie zwischen Bund und Ländern verteilt sind. Abbildung 10 enthält einen Überblick über die wichtigsten österreichischen Umweltgesetze, der allerdings keinen Anspruch auf Vollständigkeit erhebt.

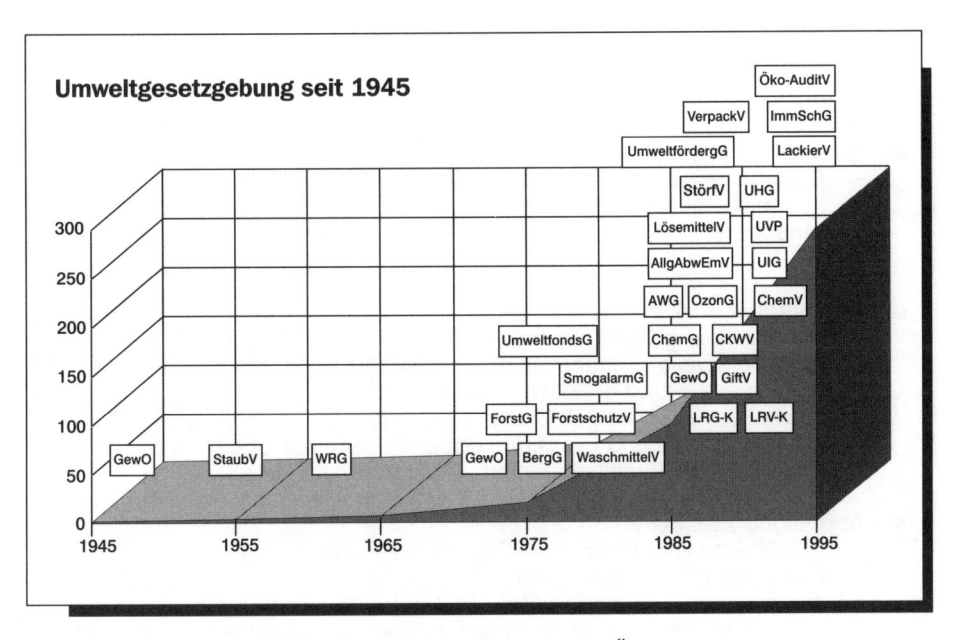

Abb. 9: Entwicklung der Umweltgesetzgebung in Österrreich

Für Industrieunternehmungen in Österreich bedeutet diese zersplitterte, im internationalen Vergleich strenge Umweltgesetzgebung hohe Umweltschutzaufwendungen und lange Genehmigungsverfahren. Mehrjährige Genehmigungsverfahren – selbst für kleinere Projekte – sind in Österreich mehr die Regel als die Ausnahme (siehe Abb. 11).

Stand und Entwicklung Umwelt

Die wichtigsten Umweltgesetze in Österreich
(Auszug)

- **Gewerbeordnung BGBl. Nr. 194/1996**
  - Störfallverordnung BGBl. Nr. 553/1991
  - Störfallinformationsverordnung BGBl. Nr. 391/1994
  - Lackieranlagenverordnung BGBl. Nr. 873/1995
  - CKW-Anlagenverordnung BGBl. Nr. 865/1994
  - Verordnung über brennbare Flüssigkeiten BGBl. Nr. 240/1991
  - ...

- **Luftreinhaltungsgesetz BGBl. Nr. 330/1994**
  - Smogalarmgesetz BGBl. Nr. 38/1989
  - Oxongesetz BGBl. Nr. 210/1992
  - ...

- **Wasserrechtsgesetz BGBl. Nr. 185/1993**
  - Allgemeine Abwasserschutzverordnung BGBl. Nr. 178/1993
  - Zahlreiche spezielle Entsorgungsverordnungen für verschiedene Branchen
  - ...

- **Chemikaliengesetz**
  - Giftverordnung BGBl. Nr. 212/1985
  - Formaldehydverordnung BGBl. Nr. 194/1990
  - Asbestverordnung BGBl. Nr. 524/1990
  - Lösemittelverordnung BGBl. Nr. 873/1995
  - diverse Verbote und Beschränkungen bestimmter Chemikalien (Halogene, PCP, vollhalogenierte Fluorchlorkohlenstoffe, ...)

- **Abfallschutzgesetz**
  - Abfallnachweisverordnung BGBl. Nr. 65/1991
  - Verpackungsverordnung BGBl. Nr. 665/1992
  - Zahlreiche Verordnungen über Rückgabe/Pfanderhebung bestimmter Produkte (z. B. Batterien, Lampen, Kühlgeräte)

- **Altlastensanierungsgesetz BGBl. Nr. 299/1989**
- **Umweltverträglichkeitsprüfungsgesetz BGBl. Nr. 697/1993**
- **Umweltinformationsgesetz BGBl. Nr. 495/1993**
- **Forstgesetz BGBl. Nr. 440/1975; 231/1977; 142/1998; 576/1987; 257/1993, 970/1993**
  - Verordnung gegen forstschädliche Verunreinigungen BGBl. Nr. 199/1994

- **Landes-Abfallwirtschaftsgesetze**
- **Landes-Naturschutzgesetze**

Abb. 10: Die wichtigsten Umweltgesetze in Österreich

Stand und Entwicklung Umwelt

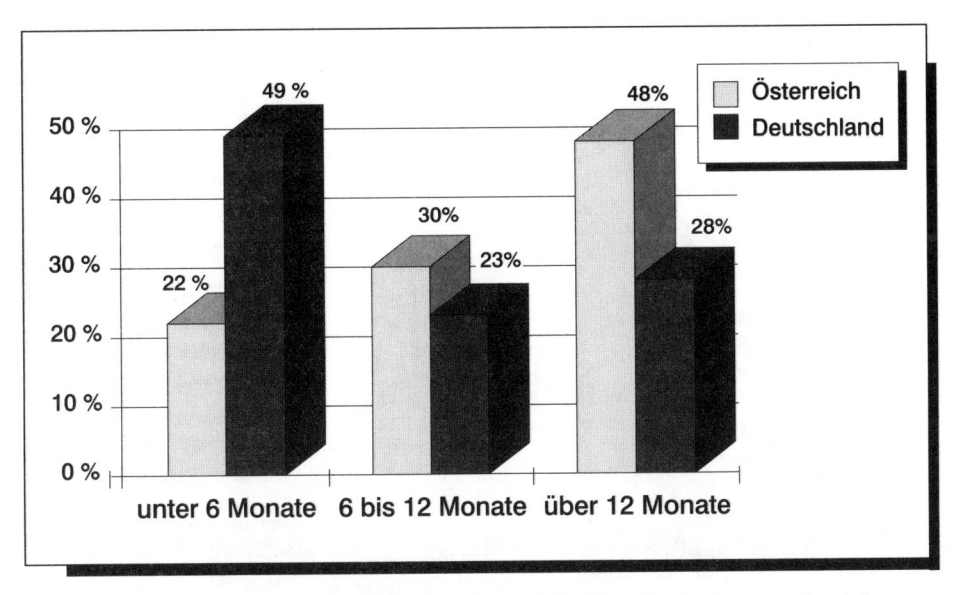

Abb. 11: Vergleich der Verfahrensdauer für die Genehmigung von Betriebsanlagen

Umweltmanagementsysteme

Ausgehend vom steigenden Umweltbewußtsein weiter Bevölkerungskreise wurde Umweltschutz von der Industrie zunächst als technische Herausforderung und als Reaktion auf neue Umweltschutzvorschriften angesehen. Ende der achtziger Jahre erkannten die ersten Unternehmungen, daß der Wunsch der Konsumenten nach umweltverträglichen Produkten und die steigende Zahl von Umweltgesetzen nur noch mit Hilfe eines koordinierten Umweltmanagementsystems zu bewältigen sind. Die Chancen eines integrierten, das ganze Unternehmen umfassenden Umweltmanagements wurden von Vorreiterunternehmungen ausgenützt, Umweltschutz wurde zur Chefsache. Heute ist Umweltschutz ein unverzichtbarer Bestandteil der Unternehmungsführung, der ökologische, rechtliche, technologische, gesellschaftliche, marktwirtschaftliche, kunden- und mitarbeiterorientierte Aspekte beinhaltet.

Stand und Entwicklung Umwelt

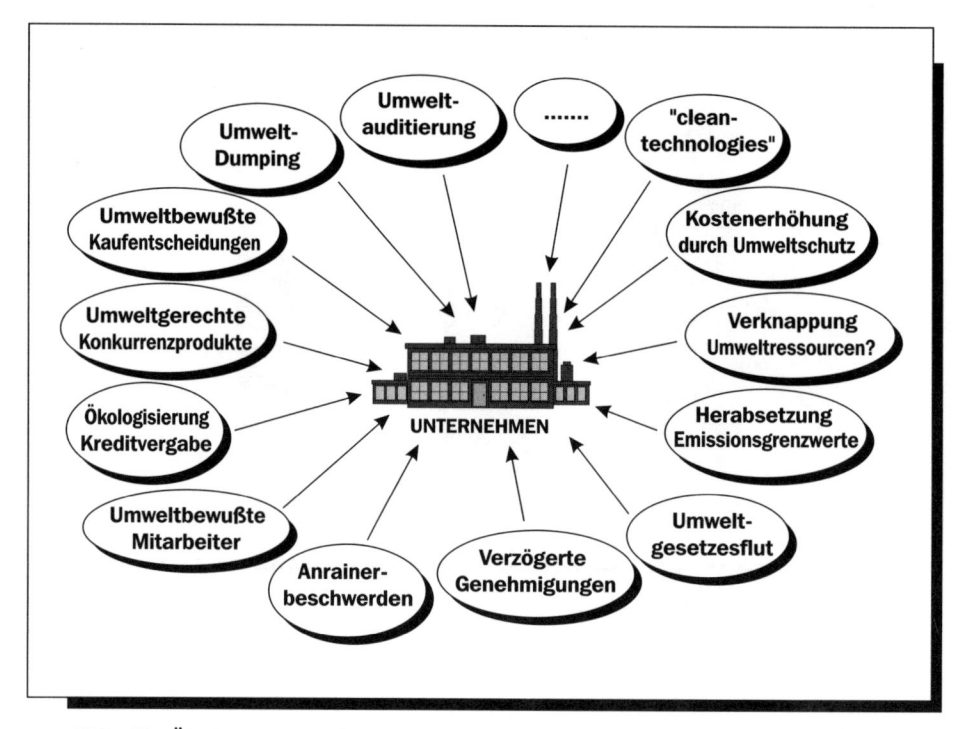

Abb. 12: Ökologische Anforderungen aus dem Unternehmensumfeld

Normative Grundlagen von Umweltmanagementsystemen

Der zuvor geschilderten Entwicklung folgend, versucht man international, den Begriff „Umweltmanagement" zu vereinheitlichen und interpretierbar zu machen: Der 1992 in England in Kraft gesetzte „British Standard 7750" (BS 7750) enthält erstmals eine formale Normierung von Umweltmanagementsystemen. Seit April 1995 ermöglicht in der EU die EMAS-Verordnung (Environmental Management Auditing System, EU-Verordnung 1863/1993) die freiwillige Überprüfung und Zertifizierung von Umweltmanagementsystemen. Die „International Standard Organisation" (ISO) hat daraufhin die Normenreihe ISO 14000 ff. erarbeitet, in der weltweit gleiche Anforderungen an Umweltmanagementsysteme definiert werden. Allen Regelwerken liegt eine Gemeinsamkeit zugrunde: Es soll ein interner Regelkreis im Unternehmen aufgebaut werden, der das Setzen von Umweltzielen, das Arbeiten an deren Erreichung und eine Selbstüberprüfung sicherstellen soll.

Nachfolgend wird auf die EU-Öko-Auditverordnung (EMAS-Verordnung) als umfassendstes und genauestes Regelwerk zum Umweltmanagement eingegangen, die wesentlichen Unterschiede zur ISO 14000 werden herausgearbeitet. (Anmerkung: Der British Standard 7750 konnte sich international nicht durchsetzen und wird daher nicht weiter berücksichtigt.)

Die EMAS-Verordnung

Ziel der EMAS-Verordnung ist die Förderung der kontinuierlichen Verbesserung des betrieblichen Umweltschutzsystems von Industriebetrieben. Erreicht werden soll das durch:

- Festlegung und Umsetzung einer standortbezogenen Umweltpolitik, eines Umweltprogrammes und eines Managementsystems im Unternehmen
- systematische, objektive und regelmäßige Bewertung des Umweltmanagementsystems
- Bereitstellung von Informationen über den betrieblichen Umweltschutz an die Öffentlichkeit.

Am EU-Öko-Auditsystem können derzeit alle Unternehmungen mitmachen, die an einem oder mehreren Standorten eine gewerbliche Tätigkeit ausüben. Die Erweiterung auf den Dienstleistungssektor wird in absehbarer Zeit stattfinden. Folgende Schritte sind für ein Unternehmen erforderlich, das am EU-Öko-Auditsystem teilnehmen will:

Umweltpolitik

Die Festlegung einer betrieblichen Umweltpolitik steht am Anfang des betrieblichen Umweltmanagements. Sie enthält die Leitlinien des Handelns im Umweltbereich und dient damit auch als Grundlage für die Festlegung von unternehmerischen Umweltzielen. Mindestanforderung an die Umweltpolitik ist die Einhaltung aller einschlägigen Umweltvorschriften sowie die Verpflichtung zu einer angemessenen und kontinuierlichen Verbesserung des betrieblichen Umweltschutzes.

Umweltprüfung

Die Umweltprüfung stellt eine Istanalyse des Umweltmanagements und der Umweltbelastungen in einem Unternehmen dar. Sie dient als Ausgangsbasis für die Setzung von Umweltzielen und die Erstellung eines Umweltprogramms.

Umweltziele und Umweltprogramm

Basierend auf der Umweltpolitik und den Ergebnissen der Umweltprüfung wird ein Umweltprogramm erstellt. Ein Umweltprogramm ist eine Sammlung von Umweltzielen des Unternehmens und der Maßnahmen, die zur Erreichung dieser Ziele ergriffen werden sollen. Die EMAS-Verordnung for-

Stand und Entwicklung Umwelt

dert, daß die Ziele möglichst konkret – also quantitativ meßbar – formuliert und mit Terminen zu versehen sind.

Umweltmanagementsystem

Die EMAS-Verordnung legt keine Struktur wie die ISO 9000 für die Umsetzung der inhaltlichen Anforderungen des Umweltschutzes fest. Das betriebliche Umweltmanagementsystem ist ein Instrument zur Umsetzung der Umweltleitlinien sowie zur Definition und Verteilung von Aufgaben und Zuständigkeiten im Umweltbereich. Es ist das Werkzeug zur Einführung und Umsetzung der betrieblichen Umweltpolitik. Um zertifiziert werden zu können, muß dieses Umweltmanagementsystem auch entsprechend dokumentiert sein. Die Praxis zeigt, daß Betriebe mit einem dokumentierten Qualitätsmanagementsystem zahlreiche Verfahren auch auf das Umweltmanagement anwenden können.

Umweltbetriebsprüfung

Im Rahmen der Umweltbetriebsprüfung wird das bestehende Umweltmanagementsystem bewertet. Es wird festgestellt, wie weit das vorhandene System geeignet ist, die Umweltpolitik zuverlässig umzusetzen und die formulierten Umweltziele zu erreichen. Die Umweltbetriebsprüfung wird durch (interne) Umweltauditoren durchgeführt. Auf der Basis der Prüfergebnisse findet anschließend ein Management-Review statt: Politik, Ziele und Maßnahmen werden überarbeitet und das System den Veränderungen angepaßt.

Umwelterklärung

Die EMAS-Verordnung fordert im Gegensatz zur ISO 14000 die Erstellung einer eigenen Umwelterklärung zur Information der Öffentlichkeit. Diese Umwelterklärung muß von einem externen, staatlich anerkannten Umweltgutachter für gültig erklärt werden. Die Umwelterklärung informiert im wesentlichen über alle Umweltfragen des Betriebes und enthält Zahlenangaben über das Abfallaufkommen, Rohstoff-, Energie- und Wasserverbrauch, Schadstoffemissionen, Lärm und andere umweltrelevante Aspekte. Zusätzlich muß sie eine Darstellung der Umweltpolitik, des Umweltprogramms und des Umweltmanagementsystems, den Termin für die Vorlage der nächsten Umwelterklärung sowie den Namen und die Anschrift des zugelassenen Umweltgutachters enthalten.

Externe Begutachtung/Validierung

Ähnlich wie im Qualitätsbereich soll das Umweltmanagement von externen Gutachtern überprüft werden. Die Aufgabe des zugelassenen Umweltgutachters ist es, das Funktionieren des Umweltmanagementsystems zu überprüfen. Er stellt fest, ob Umweltpolitik, Umweltprogramm und Um-

Stand und Entwicklung Umwelt

Unternehmen
- Umweltpolitik
- Umweltprüfung

Betriebsprüfungszyklus
- Umweltziele
- Umweltprogramm
- Umweltmanagementsystem
- Umweltbetriebsführung

- Umwelterklärung

"prüft"

zugelassener Umweltgutachter

"validiert"

Einreichen der validierten Umwelterklärung bei der zuständigen Stelle

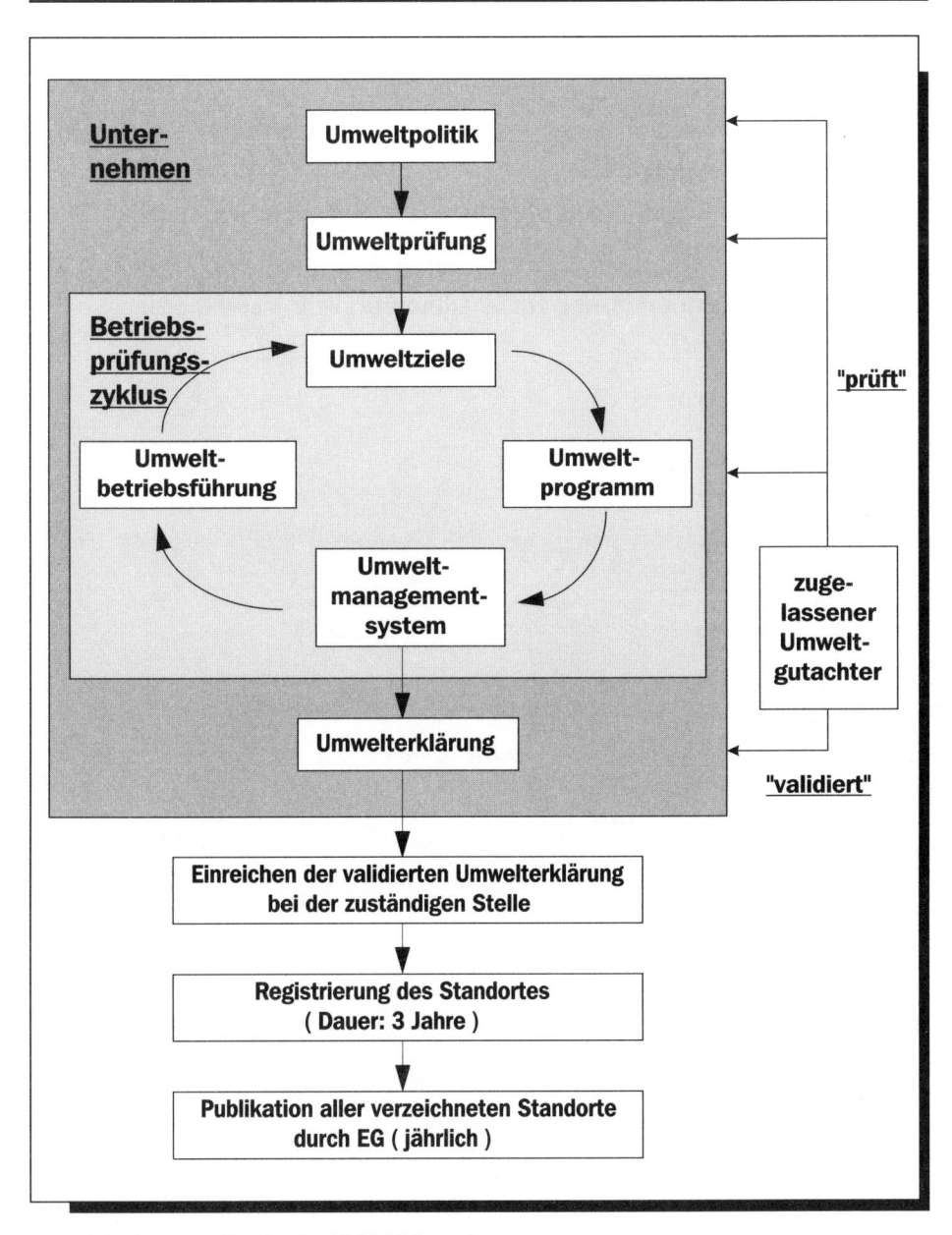

Registrierung des Standortes (Dauer: 3 Jahre)

Publikation aller verzeichneten Standorte durch EG (jährlich)

Abb. 13: Regelkreis der EMAS-Verordnung

Stand und Entwicklung Umwelt

weltmanagementsystem den Anforderungen der EU-Richtlinie entsprechen und auch angewandt werden und ob die Inhalte der Umwelterklärung zuverlässig sind.

Teilnahmeerklärung

Nach positiver Begutachtung durch den Umweltgutachter muß das Unternehmen die Umwelterklärung an die zuständige Stelle weiterleiten. In Österreich ist das das Umweltbundesamt. Eingetragene Standorte haben das Recht, die Teilnahmeerklärung zur Imagewerbung zu verwenden.

3. Grundlegende Überlegungen

Dieses Kapitel befaßt sich mit den rechtlichen und normativen Grundlagen aus den drei Bereichen Qualität, Sicherheit und Umwelt und gibt einen Überblick über die Rechtslage sowie den Stand der Technik aus aktueller Sicht. Die rasante Entwicklung der Gesetze und Normen erfordert allerdings eine kontinuierliche Beobachtung und Anpassung an den Letztstand.

Es werden auch die unterschiedlichen Überwachungssysteme, mit denen die Unternehmen heutzutage zurechtkommen müssen, dargestellt und diskutiert. Dies führt notgedrungen zu Überlegungen, wie eine wirtschaftliche Handhabung zu ermöglichen ist. Als grundlegender Gedanke bietet sich das vorbeugende Vermeiden von Fehlern an.

Grundlegende Überlegungen

3.1 Rechtliche und normative Grundlagen

Das QSU-System wird durch Gesetze und Normen bestimmt. Die folgende Aufstellung gibt eine Übersicht über jene Gesetze und Normen, die bei der Betrachtung nach Synergien und Überschneidungen konkret berücksichtigt werden.

Q-System: ISO 9000 Rev. 94
ISO 9001 Rev. 94
ISO 9004 Rev. 94
ISO 10011 Teil 1,2,3
EN 287 Teil 1, 2
EN 729 Teil 1, 2, 3, 4
EN 10204 (früher DIN 50049)
ISO 8402
BGBl. Nr. 99/88, Produkthaftungsgesetz
ABGB, Allgemeines Bürgerliches Gesetzbuch
HGB, Handelsgesetzbuch

S-System: BGBl. Nr. 450/94, ASCHG = ArbeitnehmerInnenschutzgesetz
BGBl. Nr. 277/95, Verordnung über die Fachausbildung von Sicherheitsfachkräften (SFk-VO)
BGBl. Nr. 172/96, SVP-VO; Sicherheitsvertrauenspersonen
BGBl. Nr. 478/96, Verordnung über die Sicherheits- und Gesundheitsschutzdokumente (DOK-VO)
BGBl. Nr. 27/1993, ArbIG = Arbeitsinspektionsgesetz
BGBl. Nr. 2/1984, Einrichtungen in den Betrieben für die Durchführung des Arbeitnehmerschutzes
BGBl. Nr. 218/83, AAV = Allgemeine Arbeitnehmerschutzverordnung
BGBl. Nr. 43/1961, Maschinen-Schutzvorrichtungsverordnung
BGBl. Nr. 306/1994, MSV, Maschinensicherheitsverordnung
BGBl. Nr. 706/1995, Elektroschutz-Verordnung

U-System: EU-Verordnung 1836/1993 (EMAS-Verordnung)
ISO 14001
British Standard 7750
BGBl. Nr. 325/1990, AWG = Abfallwirtschaftsgesetz
BGBl. Nr. 50/1974 § 82 a, b, GewO = Gewerbeordnung
Diverse spezielle Umweltgesetze (siehe Kapitel 2.3)

3.2 Regelungstiefe

Die Regelwerke, Normen und Gesetze, die in den Bereichen Qualität, Sicherheit und Umwelt eine Rolle spielen, sind unterschiedlich aufgebaut. Der Qualitätsbereich stützt sich hauptsächlich auf Normen ab, während im Sicherheits- und Umweltbereich vor allem Gesetze und Verordnungen eine wesentliche Rolle spielen.

Dementsprechend ist auch der Charakter der Regelwerkssysteme unterschiedlich. Während Qualitätsnormen eine unverbindliche Empfehlung darstellen und durch Verträge rechtsverbindlich erklärt werden müssen, ist das ArbeitnehmerInnenschutzgesetz inklusive der dazugehörigen Verordnungen geltendes Recht und dementsprechend verbindlich einzuhalten. Die Umweltgesetze haben ebenfalls rechtsverbindlichen Charakter. Die EMAS-Verordnung in ihrer Umsetzung als nationales Gesetz bzw. die ISO 14000 ff. fordern zur freiwilligen Teilnahme auf. Die bestehenden Regelungen (Gesetze bzw. Normen) können in vier Hierarchieebenen eingeordnet werden.

Die **erste Ebene** stellt das übergeordnete Gesetz oder die Basisnorm dar. Die **zweite Ebene** wird gebildet durch Verordnungen, für die das jeweils zuständige Ministerium zur Erstellung und Inkraftsetzung ermächtigt wurde. Im Umweltbereich ist noch dazu zwischen Bundes- und Landesebene zu unterscheiden, da auch der Landtag im Umweltbereich Landesgesetze in Kraft setzen kann. Die **dritte Ebene** stellen firmenspezifische Bescheide dar, die von der zuständigen Behörde erlassen werden und ebenfalls Rechtscharakter besitzen. Darin werden die in verschiedenen Gesetzen festgeschriebenen Vorgaben in firmen- oder anlagenspezifischen Auflagen umgesetzt. Die **vierte Ebene** schließlich bilden Normen und Richtlinien, die nicht rechtsverbindlich sind, jedoch den Stand der Technik darstellen oder im Streitfall zur Entscheidungsfindung herangezogen werden. Normen können jedoch durch Gesetze oder Verordnungen durch das Elektrotechnikgesetz auf Gesetzesebene erhoben werden (Bsp.: ÖVE-Richtlinien).

Bemerkenswert ist, daß im Q-Bereich zwei Ebenen überhaupt nicht belegt sind und somit der unternehmerischen Sorgfaltspflicht ein ausreichender Spielraum belassen wird, um wirtschaftliche Aspekte zur Gänze ausschöpfen zu können. Insgesamt spielen im Q-System 25 Regelwerke eine Rolle, im S-System ca. 70 Gesetze und Verordnungen (ohne firmenspezifische Bescheide und Normen) und im U-System weit über 100 allein nur auf Bundesebene.

Grundlegende Überlegungen

	1. Ebene	2. Ebene	3. Ebene	4. Ebene
Q	ISO 9000 ff.	∀	∀	Normen, Richtlinien z. B. ISO 10 011 z. B. ISO 10 012 ⋮
S	ASCHG	Verordnungen z. B. AAV z. B. ADSV z. B. BauV z. B. MSV	spezifische Bescheide	Normen, Richtlinien z. B. EN 29241 Teil 1–7 z. B. ÖVE-Richtlinien ⋮
U	ISO 14 000 ff. (oder EMAS-Verordnung)	**BUNDESEBENE und LANDESEBENE** Gesetze/ Verordnungen z. B. AWG z. B. ALSAG z. B. UIG	firmen-spezifische Bescheide	Normen, Richtlinien z. B. ÖNORM S 2000

Abb. 14: Vorschriften- und Regelungstiefe

3.3 Externe Überwachungen

Mit zunehmender Reglementierung des Wirtschaftslebens sind auch die damit verbundenen Überwachungen immer komplexer geworden. Die heutige Überwachungs- und Überprüfungsstruktur der Unternehmen ist recht vielfältig geworden und bedarf eines hohen Aufwandes, um damit zurecht zu kommen. Während die Überwachungsstruktur für Qualität und Sicherheit relativ eindeutig geregelt ist, schlägt bei der Überwachung der Umweltgesetze das zersplitterte Umweltgesetz durch: Als Überwachungsinstanzen können hier die Gewerbebehörde, diverse Abteilungen der jeweiligen Landesregierung, der Umweltgutachter oder andere Behörden (zum Beispiel Bezirkshauptmannschaft) zuständig sein. Dieses Bild veranschaulicht auf eindrückliche Art und Weise, daß aus unternehmerischer Sicht eine koordinierte Vorgangsweise mit der Ausnutzung von möglichst vielen Synergieeffekten notwendig ist, um nach wirtschaftlichen Gesichtspunkten ein Unternehmen führen zu können.

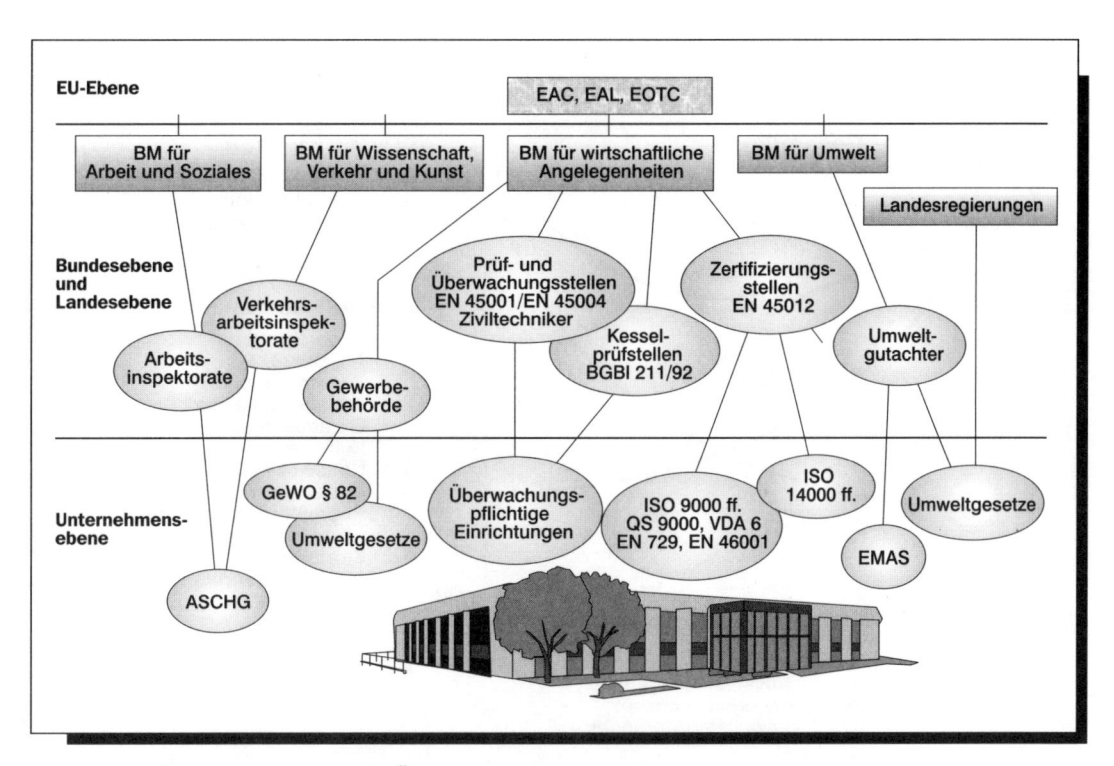

Abb. 15: Die externen Überwachungen in einem Unternehmen

Grundlegende Überlegungen

3.4 Wirtschaftlichkeitsbetrachtungen

Ganz allgemein gilt, daß ein höherer Vollkommenheitsgrad auch mit einem höheren Aufwand verbunden ist. Durch Naturgesetze bestimmt ist dieser Zusammenhang nicht linear, sondern exponentiell. Das heißt, daß eine Steigerung des Vollkommenheitsgrades in die Richtung 100 % einer zunehmend höheren Anstrengung bedarf. Auf der anderen Seite dagegen steigen mit geringer werdendem Vollkommenheitsgrad der Fehleranteil und die Schwächen der Einheiten (gilt gleichermaßen für Produkte, Organisationen, Herstellprozesse, Planungen ...). Der Aufwand für die Beseitigung der Fehler und Schwächen wird immer größer. Auch dieser Zusammenhang steigt exponentiell an.

Beide Aufwände überlagern sich zu einer Summenkurve, die ein Minimum, das sogenannte Aufwandsminimum, aufweist. Wird der Aufwand mit Kosten bewertet, dann ist klar erkennbar, daß nach wirtschaftlichen Überlegungen immer dieses Kostenoptimum angestrebt werden muß.

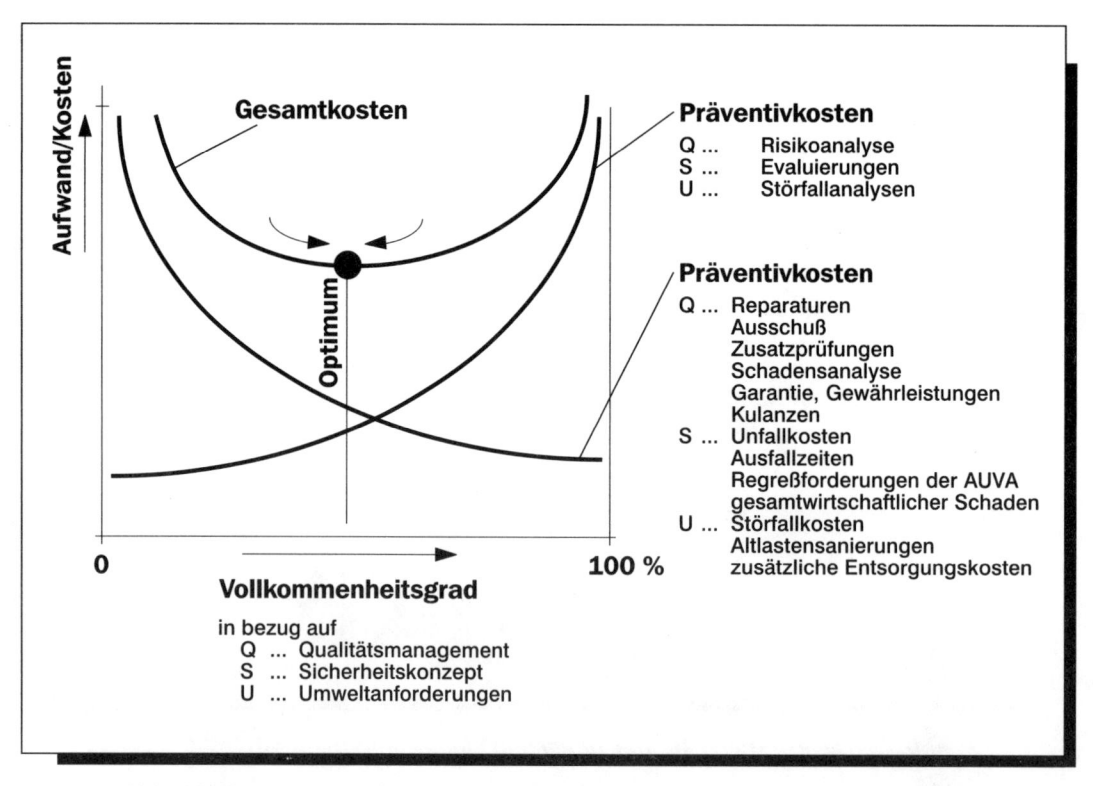

Abb. 16: Kosten im QSU-System, schematisch

Grundlegende Überlegungen

Diese theoretischen Überlegungen lassen sich nun ohne weiteres auch auf das Betreiben von Qualitäts-, Umwelt- und auf Sicherheitssysteme anwenden.

Es ist logisch leicht zu begründen, daß unternehmerische Überlegungen darauf ausgerichtet sein müssen, das Kostenoptimum in allen drei Systemen zu suchen und kontinuierlich anzustreben. Wie Erfahrungen gezeigt haben, lassen sich allein im Q-System Einsparungen um 5 % und in besonderen Fällen bis zu 10 % vom Umsatz erzielen. Ähnliche Aufwandsabschätzungen drängen sich auch für die beiden anderen Bereiche auf.

Die Kräfte, die in diesen Systemen wirken und die einzelnen Kostenkurven bestimmen, sind einerseits die Reaktivmaßnahmen (Aufwände für Fehlerbehebung) und andererseits die Präventivmaßnahmen (Aufwände für Vorbeugungsmaßnahmen). In allen drei Regelwerken ISO 9000 ff., ASCHG und EMAS/ISO 14000 ff. wird aufgefordert, Prävention vor Fehlerbehebung zu betreiben.

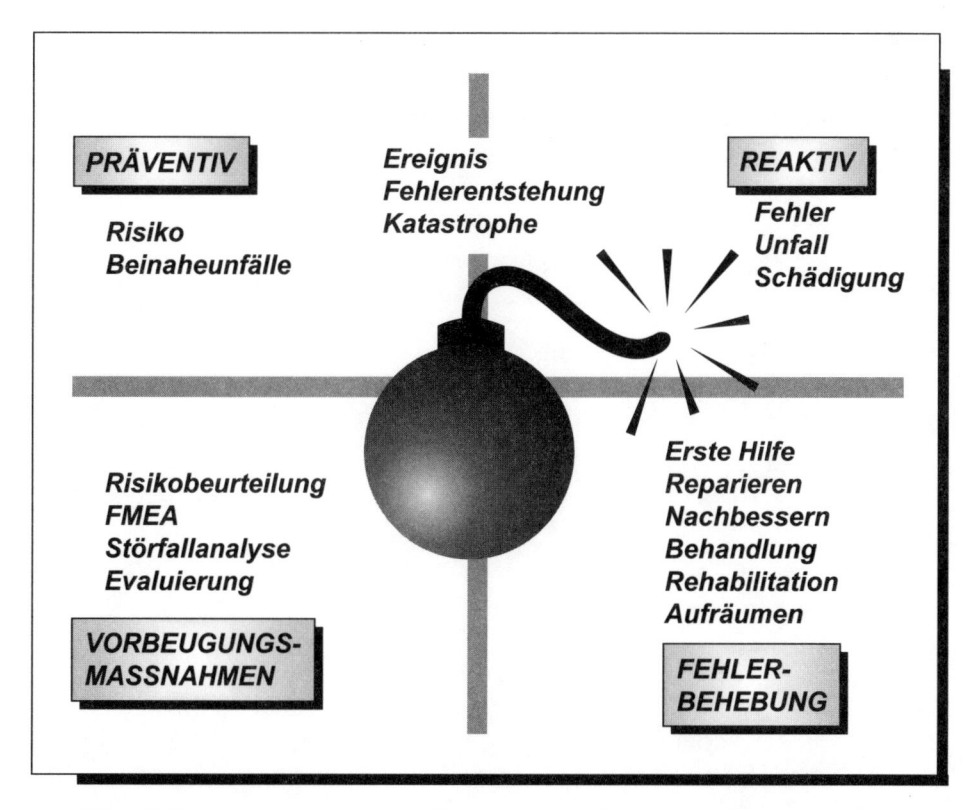

Abb. 17: Zusammenwirken von Prävention und Fehlerbehebung

Grundlegende Überlegungen

Aus dem Qualitätswesen ist die „Null-Fehler-Strategie" bekannt, bei der durch unterschiedliche Maßnahmen wie Vereinfachung der Arbeitsabläufe, Standardisierung, Prozeßbeherrschung, vorbeugende Instandhaltung, Schulung usw. Fehlerursachen konsequent ausgeschaltet werden sollen. In einigen Betrieben konnten damit die Fehlerraten drastisch gesenkt werden.

Durch die „Null-Fehler-Strategie" sind aber automatisch auch das Umwelt- und Sicherheitsmanagement angesprochen: Wenn man davon ausgeht, daß Unfälle (Sicherheit) und Störfälle (Umwelt) zumeist auch mit Qualitätsverlusten verbunden sind, dann wirken sich die zuvor angeführten Aktivitäten auch in allen drei QSU-Bereichen aus. Und die Praxis zeigt, daß mit verbesserten Techniken ein Rückgang von Fehlerquoten und Unfallhäufigkeiten durchaus möglich ist.

Bekannte Beispiele aus der Praxis für Präventiv- und Reaktivmaßnahmen:
- Lawinenverbauungen/Versicherungen
- Rauchverbot/Feuerlöscher
- vorbeugende Maschineninstandhaltung/Ersatzgeräte
- Service beim Auto/Werkzeugkasten im Auto
- lösungsmittelfreie Lacke/Abluftreinigungsanlage
- ...

4. Gegenüberstellungen und Synergien

Dieses Kapitel gibt eine Übersicht über die Regelungen, Festlegungen und Forderungen aus den drei Bereichen, die in einen, zwei oder allen drei Fachbereichen auftreten. Besonderes Augenmerk wird auf jene Themenkreise gelenkt, die in allen drei Fachbereichen auftreten. Gerade diese Gebiete ermöglichen Synergieeffekte durch gemeinsame Bearbeitung im betrieblichen Geschehen. Häufig werden diese Überschneidungen gar nicht erkannt, da alle drei Bereiche einen typischen Sprachgebrauch anwenden und gleichartige Forderungen mit unterschiedlichen Begriffen belegt sind. Gerade durch die gemeinsame Handhabung im Unternehmen ergeben sich Synergien, die ein wirtschaftlich effizientes Handeln ermöglichen.

Gegenüberstellungen und Synergien

4.1 Übersicht

Qualität, Sicherheit und Umweltschutz können nicht losgelöst von ihrer Entstehungsgeschichte betrachtet werden. Aus allen drei Bereichen werden spezielle Anforderungen an das integrierte QSU-Managementsystem eingebracht. Im folgenden Schaubild werden die vollständigen Überschneidungsbereiche, die zweiseitigen Überlappungen und die singulären Bereiche dargestellt. Es ist einfach zu erkennen, daß mehr Synergien und Überlappungen als singuläre Bereiche vorhanden sind.

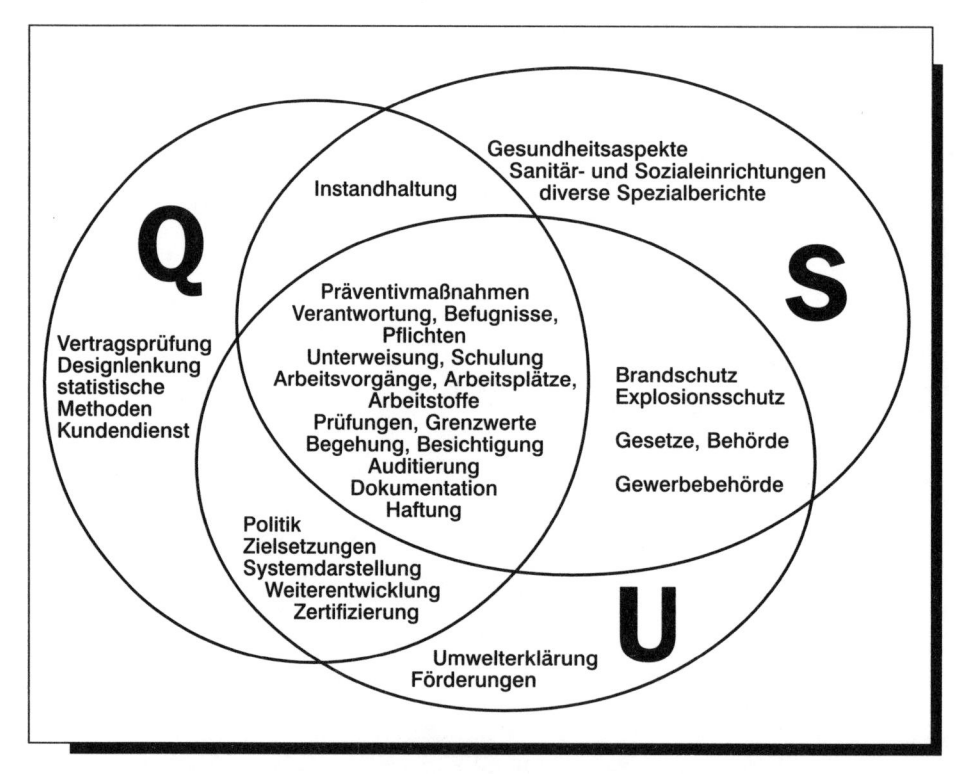

Abb. 18: Synergiebereiche im QSU-System

Je nach Branche sind die drei Bereiche unterschiedlich gewichtet bzw. aufgeteilt.

Gegenüberstellungen und Synergien

Beispiel: Chemische Industrie

In der chemischen Industrie spielen alle drei Bereiche eine absolut dominante Rolle. Nur qualitativ beherrschte Prozesse sind in der Chemieindustrie sicher und damit auch weniger unfallgefährdet. Seit den Katastrophen in Seveso und bei Sandoz haben alle chemischen Betriebe eine hohe Kultur in bezug auf QSU-Aspekte entwickelt (siehe auch Dupont-Konzept).

Beispiel: Ingenieurbüro

Im technischen Planungsbereich ist die Qualität der Dienstleistungen von eminenter Bedeutung. Die Sicherheitsaspekte im Büro hingegen spielen eine eher untergeordnete Rolle. Am Bau selbst bei der Baudurchführung und -aufsicht verschieben sich wiederum die Gewichtungen. Der Baubereich liegt derzeit im Branchenvergleich an der Spitze der Unfallhäufigkeit.

Beispiel: Entsorgungsbetrieb

In Entsorgungs- und Deponiebetrieben liegt der Schwerpunkt naturgemäß im Umweltbereich, wobei aber auch beim Betrieb von komplexen Anlagen entsprechende Sicherheitsaspekte zum Tragen kommen.

Beispiel: Popkonzerte

Bei der Durchführung von Popkonzerten (vor allem bei Freiluftkonzerten) wird auf Umweltaspekte praktisch keine Rücksicht genommen und die Q-Aspekte beschränken sich auf die kurzfristige Kundenzufriedenheit.

4.2 Synergiebereiche

Qualitätswesen, ArbeitnehmerInnenschutz und Umweltschutz beinhalten eine breite Palette von Herausforderungen an das unternehmerische Management. Bei näherer Betrachtung können folgende wesentliche Synergiebereiche herausgearbeitet werden, die in allen drei Bereichen vorkommen:

- Präventivmaßnahmen
- Dokumente, Vorgaben und Nachweispflichten
- Verantwortungen, Befugnisse, Pflichten
- Schulung und Unterweisung
- Prüfungen, Grenzwerte, Toleranzen
- Prozeßlenkung, Arbeitsvorgänge, Arbeitsplätze, Arbeitsstoffe
- Beschaffung
- Begehung, Besichtigung, Auditierung
- Haftung

● **Präventivmaßnahmen**

Sowohl ISO 9001, ArbeitnehmerInnenschutzgesetz als auch EMAS-Verordnung forcieren schwerpunktmäßig die vorbeugenden Maßnahmen gegenüber einer Fehlerbehebung. In allen Regelwerken wird davon ausgegangen, daß Fehler einen zusätzlichen Aufwand und damit Verlustkosten oder Umweltbelastungen darstellen. Durch ausreichende und geeignete Vorbeugemaßnahmen sollen Fehlerquellen und Risiken vermieden oder in ihrer Tragweite eingeschränkt werden. In allen Regelwerken wird vom Grundsatz „Vermeiden vor Schützen, Schützen vor Warnen" ausgegangen. Das ASCHG sieht seinen Ansatz dabei im Bereich von Sicherheits- und Gesundheitsschutz, die ISO 9001 bei Produkt-, Prozeß- und Systemfehlern und die EMAS-Verordnung bei den Umweltauswirkungen von Prozeßfehlern oder Störfällen. An folgenden Stellen wird in den einzelnen Regelwerken auf Vorbeugemaßnahmen Bezug genommen:

Gegenüberstellungen und Synergien

Qualität ISO 9001	ArbeitnehmerInnen- schutzgesetz ASCHG	Umweltschutz
4.1.2.1 Vorbeugungs- maßnahmen 4.2.3 Qualitätsplanung 4.4.2 Design- und Entwicklungs- planung 4.14.3 Vorbeugungs- maßnahmen **ISO 9004** 4.5 Qualitätsmanage- ment-Elemente 4.6 Finanzielle Über- legungen zu Qualitätsmanage- mentsystemen 4.15 Korrektur- maßnahmen	§ 4 Ermittlung und Beurteilung der Gefahren, Festlegung von Maßnahmen (Evaluierung) § 7 Grundsätze der Gefahrenverhütung § 41 Ermittlung und Beurteilung von Arbeitsstoffen § 43 Maßnahmen zur Gefahrenverhütung 7. Abschnitt § 73 ff. Präventivdienste	**EMAS-Verordnung** Anhang D Gute Management- praktiken Pkt 2. und Pkt. 8 **ISO 14000** 4.3.3.5 Emergency preparedness and response 4.5.3 Corrective and preventive action

Abb. 19: Präventivmaßnahmen im Regelwerksvergleich

Mehr oder weniger wird in allen drei Bereichen der Grundsatz „Vermeiden vor Schützen" und „Schützen vor Warnen" vorgegeben:

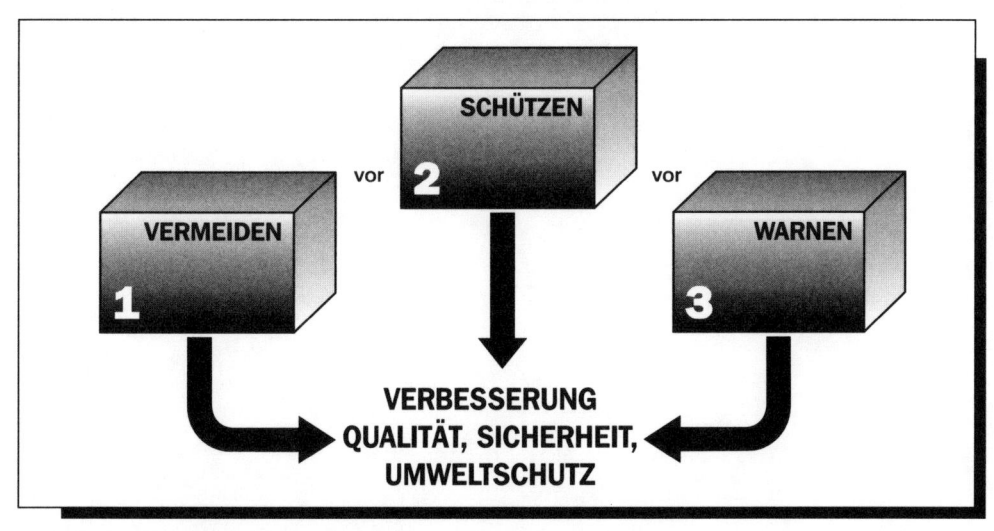

Abb. 20: Prioritäten der Präventivmaßnahmen

Gegenüberstellungen und Synergien

● Dokumente, Vorgaben und Nachweispflichten

Anforderungen in den Regelwerken

Die ISO 9001 fordert die Nachweisbarkeit eines praktizierten Q-Systems, was nur über eine geeignete Dokumentation möglich ist. Zusätzlich ist ein Verfahren zur Lenkung von Dokumenten, Daten und Aufzeichnungen nach den Kriterien Erstellung, Freigabe, Änderung, Administration, Verteilung, Aufbewahrung und Sicherung notwendig.

Im ASCHG wird des öfteren die Nachweisbarkeit von Tätigkeiten, Prüfungen und Entscheidungen verlangt sowie die permanente Aktualisierung der Sicherheits- und Gesundheitsschutzdokumente. In der Praxis ist das nur möglich durch Dokumentation von Regelungen und Aufzeichnungen in schriftlicher Form oder EDV-unterstützt in Dateien.

Im Umweltschutz ist der Bereich der Dokumentation wesentlich komplexer: Zum einen fordern EMAS-Verordnung und ISO 14000 den Nachweis eines praktizierten U-Systems (ähnlich ISO 9001), zum anderen sind in zahlreichen Umweltgesetzen teilweise sehr genaue Meß-, Dokumentations- und Nachweispflichten festgelegt (z. B. Abfallwirtschaftsgesetz, Abwasseremissionsverordnungen, Luftreinhaltegesetz). Eine völlig neue Situation wird dabei das kommende Umwelthaftungsgesetz (UHG) schaffen: Im UHG ist nämlich eine „Beweislastumkehr" vorgesehen: Im Falle eines Umweltschadens muß nicht mehr der Kläger einem Unternehmen dessen Schuld nachweisen, sondern das beklagte Unternehmen muß anhand einer geeigneten Dokumentation beweisen können, daß es als Verursacher des Umweltschadens nicht in Frage kommt.

Gegenüberstellungen und Synergien

Qualität ISO 9001		ArbeitnehmerInnen- schutzgesetz ASCHG		Umweltschutz	
4.1.3	QM-Bewertung	§ 5	Sicherheits- und Gesundheitsschutzdokumente	**EMAS-Verordnung**	
4.3.4	Aufzeichnungen im Rahmen der Vertragsprüfungen			Artikel 5: Umwelterklärung	
		§ 14	Unterweisung	Anhang I B Pkt. 5:	
4.5	Lenkung der Dokumente und Daten	§ 16	Aufzeichnungen und Berichte über Arbeitsunfälle	Umweltmanagement-Dokumentation	
4.9	Aufzeichnungen über qualifizierte Prozesse und qualifiziertes Personal			Anhang II F: Betriebsprüfung	
		§ 37 Abs 6	Prüfung von Arbeitsmitteln	**ISO 14001**	
		§ 47	Verzeichnis der Arbeitnehmer	4.3.3.1	Communication and reporting
4.10.5	Prüfaufzeichnungen			4.3.3.2	System documentation
4.16	Lenkung von Qualitätsaufzeichnungen	§ 54	Bescheide über gesundheitliche Eignung	4.3.3.3	System records and information management
		§ 58 Abs 4	Pflichten der Arbeitgeber	4.4.2	Measuring and monitoring
4.17	interne Qualitätsaudits			4.4.3	Audit of environmental management system
4.18	Schulung	§ 63	Nachweis der Fachkenntnisse	4.5.2	Review
		§ 84	Aufzeichnungen und Berichte	**zusätzlich** (nicht vollständig) Abfallwirtschaftsgesetz Abfallnachweisverordnung Verpackungsordnung Abwasseremissionsverordnungen Luftreinhaltegesetz Umweltinformationsgesetz Störfallverordnung ...	

Abb. 21: Dokumentations- und Aufzeichnungspflichten

QSU-Dokumentation in der Praxis:

Üblicherweise werden Q- und U-System in firmenspezifischen Handbüchern beschrieben. Der Inhalt des Qualitätsmanagementhandbuches ist dabei sehr oft stark an die ISO 9001 angepaßt. Umweltmanagementhandbücher findet man in der betrieblichen Praxis sowohl nach der ISO 9001

Gegenüberstellungen und Synergien

strukturiert als auch nach der ISO 14000 (die EMAS-Verordnung enthält keine Gliederung, an der man sich bei der Handbucherstellung orientieren könnte). Auf Handbuchebene stellt sich die prinzipielle Frage, ein kombiniertes Qualitäts- und Umwelthandbuch oder aber zwei getrennte Handbücher zu erarbeiten. Der größte Synergieeffekt läßt sich bei der Integration in einem gemeinsamen Handbuch erzielen, weshalb in den weiteren Ausführungen von diesem Fall ausgegangen wird.

Das QSU-Handbuch wird ergänzt durch Verfahrensanweisungen, die vor allem die Geschäftsprozesse in den einzelnen Unternehmensbereichen beschreiben und auch die Schnittstellen zu angrenzenden Abteilungen regeln. Direkte Anweisungen für den einzelnen Mitarbeiter und den jeweiligen Arbeitsplatz werden in Arbeitsanweisungen festgelegt. Sonderformen dieser Arbeitsanweisungen sind z. B. Prüfanweisungen, Maschineneinstellblätter, Stellenbeschreibungen ...

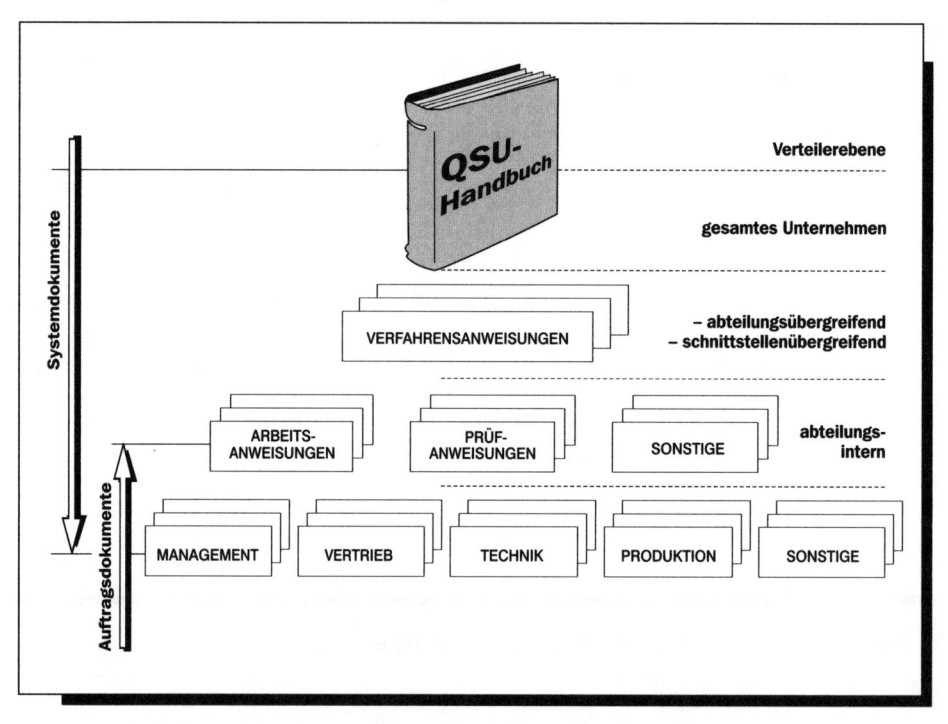

Abb. 22: Hierarchische Gliederung der QSU-Dokumentation (Vorgabedokumente)

Gegenüberstellungen und Synergien

Handbuch, Verfahrensanweisungen und Arbeitsanweisungen werden als Systemdokumente mit „anweisendem Charakter" bezeichnet. Parallel dazu sind auch noch die Dokumente mit „Ergebnischarakter" wichtig. Derartige typische Aufzeichnungen sind Prüfberichte, Kalibriernachweise, Zertifikate und Zeugnisse für Produkte und Personen, Meßergebnisse, Abfallbegleitscheine usw. Weiters spielen auch operative „Auftragsdokumente" vor allem im Qualitätswesen eine wichtige Rolle, sodaß sich insgesamt im QSU-System die Unterscheidung in Systemdokumente, Auftragsdokumente und Ergebnisdokumente als günstig erwiesen hat. Die nachfolgenden zwei Tabellen geben einen Überblick über wesentliche QSU-Dokumente.

Qualität **ISO 9001**	ArbeitnehmerInnen- schutzgesetz **ASCHG**	Umweltschutz
Vorgabedokumente		

Q-Handbuch
Verfahrensanweisungen
Arbeitsanweisungen
Prüfanweisungen
Kalibrieranweisungen
Qualitätspläne
	Sicherheitsschutz-
	  dokumente
	Gesundheitsschutz-
	  dokumente
	Maßnahmenblätter
	Arbeitsrichtlinien
	Betriebsanweisungen
	Bestellungen SFK, SVP,
	  AM
	Ersthelferliste
		Umwelthandbuch
		Richtlinien
		Arbeitsanweisungen
		Prüfanweisungen

Q-Politik/Q-Ziele Auditplan Schulungsplan Zeichnungen Q-Vereinbarungen	Montageanweisungen Zeichnungen Unterweisungen Betriebsvorschriften	Umweltpolitik Umweltprogramm Auditplan Brandschutzplan Störfallanalyse Katastrophenplan

Gesetze
Normen
sonstige Regelwerke
	Gesetze/Verordnungen/
	  Bescheide
	Ö-Normen
	sonstige Regelwerke
	Sicherheitsdatenblätter
	MAK-Wert-Liste
	TRK-Wert-Liste
	Giftliste
		Gesetze/Verordnungen/
		  Bescheide
		Normen
		sonstige Regelwerke
		Sicherheitsdatenblätter

Abb. 23: Dokumente mit Anweisungscharakter

Gegenüberstellungen und Synergien

Qualität ISO 9001	ArbeitnehmerInnen- schutzgesetz ASCHG	Umweltschutz
Ergebnisdokumente		
Bewertung des Q-Systems Auditberichte Schulungsnachweise Qualitätsberichte	Listung gefährdeter AN (Listung der gesundheitsüberwachten AN) SFK-Einsatzzeiten Unterweisungsnachweise (SFK, SVP, AM, Ersthelfer, Arbeitnehmer, extern/intern, Staplerfahrer, Kranfahrer, Jugendliche, Behinderte) Protokolle Sicherheitsausschuß Besichtigungsberichte jährlicher Tätigkeitsbericht SFK + AM	Bewertung des U-Systems Auditberichte Schulungsnachweise Umweltberichte Umwelterklärung
Prüfprotokolle Prüfberichte Gutachten Qualifizierung von Prozessen Kalibriernachweise Bescheinigungen EN 10204 Anlagen Wartungen Fehlermeldungen Vertrags-/Machbarkeitsprüfung Design Reviews Design Verifizierungen Design Validierungen	Meldungen von Bauarbeiten Evaluierungsdokumente Unfallmeldebericht Unfallstatistik (5 Jahre) Meßprotokolle (MAK, TRK) Mißstandsmeldungen Überwachungsberichte Anlagen Wartungsbücher Umgang mit Giften/Meldung Giftempfangsbestätigungen Ärztliche Untersuchungen (40 Jahre)	Umweltmessungen (Abwasser/Abfälle, Luftemissionen) Abfallbegleitscheine Abfallmengenstatistik Stoffbilanzen Energiebilanzen Öko-Bilanzen
Konformitätsbewertungen (CE) Konformitätserklärungen (CE) Baumustergenehmigungen (CE) Genehmigung von Prozessen	Konformitätserklärungen (CE) Arbeitsstättenbewilligung Giftbezugsbewilligung	Betriebsbewilligungen Umweltzeichen für Produkte

Abb. 24: Dokumente mit Ergebnischarakter, typisch bei Nachweispflichten

Gegenüberstellungen und Synergien

● Verantwortung, Befugnisse, Pflichten

Das ASCHG legt die Pflichten des Arbeitgebers (§ 3, § 58) und der Arbeitnehmer (§ 15) recht genau fest. Weiters ist die Bestellung von Präventivkräften (Sicherheitsfachkräften, Sicherheitsvertrauenspersonen und Arbeitsmedizinern) und das Einrichten von Ausschüssen wie z. B. Arbeitsschutzausschuß (§ 88) definitiv gefordert.

ISO 9001, EMAS-Verordnung und ISO 14000 sind in ihren Forderungen hinsichtlich Verantwortung und Befugnisse sehr allgemein formuliert und überlassen dem Unternehmen einen recht weiten Spielraum. In den entsprechenden Textstellen (ISO 9001 Punkt 4.1.2.1, EMAS-Verordnung Anhang 1 B 2, ISO 14000 Punkt 4.3.2.3) wird lediglich die firmenspezifische Festlegung von Verantwortungen und Befugnissen in allen Bereichen gefordert, während das ASCHG sehr konkrete Aufgaben und Verantwortungen zuweist, wie z. B. die Zusammensetzung und Zusammenarbeit im Arbeitsschutzausschuß oder das Zusammenwirken von Sicherheitsfachkraft und Arbeitsmedizinern. Zusätzlich werden noch in mehreren Gesetzen spezielle Beauftragte mit festgelegten Verantwortungen und Befugnissen vorgeschrieben (siehe dazu Kapitel 6.7).

Verantwortungen und Befugnisse können in Form einer Matrix übersichtlich dargestellt werden, die auch die Schnittstellen und das Zusammenwirken von Personen und Stellen transparent macht. In Kapitel 6.7 wird auf konkrete Praxisbeispiele eingegangen.

● Schulung und Unterweisung

Sowohl ISO 9001, ASCHG als auch EMAS-Verordnung und ISO 14000 sehen in der Schulung, Weiterbildung und Unterweisung einen wesentlichen Faktor zur Vermeidung von Risiken, Fehlern und Umweltbelastungen. Dementsprechend finden sich in allen Regelwerken diesbezügliche Forderungen.

Im ASCHG wird ganz allgemein die Unterweisung der Arbeitnehmer durch den Arbeitgeber gefordert. Dies entspricht auch im Sinne der ISO 9001, Kapitel 4.18 „Schulung". EMAS-Verordnung und ISO 14000 gehen mit ihren Anforderungen hinsichtlich Schulung und Unterweisung weiter: Die Mitarbeiter sind sowohl über ihre Funktion innerhalb des Umweltmanagementsystems als auch über die möglichen Umweltfolgen eines Abweichens von den festgelegten Arbeitsabläufen zu unterweisen. In allen Regelwerken ist zusätzlich die Festlegung von Qualifikationsanforderungen an die Mitarbeiter gefordert.

Gegenüberstellungen und Synergien

Qualität ISO 9001	ArbeitnehmerInnen- schutzgesetz ASCHG	Umweltschutz
Kap. 4.1.2.3 Es wird eine Planung von Personal mit führenden und ausführenden Tätigkeiten gefordert Kap. 4.9 Personal mit speziell zugewiesener Tätigkeit muß entsprechend geschult werden Kap. 4.18 Es wird ein Verfahren zur kontinuierlichen Aus- und Weiterbildung gefordert	§ 14 Unterweisung von Mitarbeitern § 16 Fachkenntnisse und besondere Aufsicht Sicherheitsfachkraft nach BGBl. Nr. 277/95 Sicherheitsvertrauenspersonen nach BGBl. Nr. 172/96 Arbeitsmediziner (Verordnung fehlt noch)	**EMAS-Verordnung** Anhang 1 B 2: Ausbildungsbedarfsermittlung für Mitarbeiter mit umweltrelevanten Tätigkeiten Anhang 1 D: Förderung Umweltbewußtsein aller Mitarbeiter **ISO 14000** Pkt. 4.3.2.5 Knowledge, skills and training – wie EMAS-Verordnung

Abb. 25: Schulung und Unterweisung im Regelwerksvergleich

● **Prüfungen, Grenzwerte, Toleranzen**

In allen vier Basisregelwerken spielen die Prüfungen eine wichtige Rolle:

Qualität ISO 9001	ArbeitnehmerInnen- schutzgesetz ASCHG	Umweltschutz
Kapitel 4.10 Prüfungen 4.10.1 Eingangsprüfung 4.10.2 Zwischenprüfung 4.10.3 Endprüfungen	§ 37 Prüfung von Arbeitsmitteln § 45 Grenzwerte (MAK/TRK) § 46 Messungen	Prüfvorschriften in diversen Umweltgesetzen – Emissionsmessungen zur Ermittlung Umwelteinwirkungen – Prüfungen gemäß firmenspezifischen Bescheiden

Abb. 26: Prüfungen im Regelwerksvergleich

Gegenüberstellungen und Synergien

Im Qualitätsbereich gilt es, vorwiegend die Produktqualität anhand von Qualitätskriterien zu ermitteln. Zur möglichst rechtzeitigen Fehlerentdeckung werden die Prüfungen im Herstellprozeß oft relativ weit nach vorne verlagert. Oftmals wird sogar die Produktqualität durch Überwachung von Prozeßkenndaten sichergestellt. Und direkt im Herstellprozeß an der Maschine und am Arbeitsplatz treffen alle drei Bereiche an einem Ort zusammen und müssen auch gemeinsam gehandhabt und optimiert werden.

Bestimmte Prüfkriterien können sogar mehreren Bereichen zugeordnet werden.

Bsp.: Formaldehydgehalt in der Spanplatte   Q/U-Bereich

Bsp.: Ansprechgenauigkeit einer Sprinkleranlage Q/S-Bereich

● **Prozeßlenkung, Arbeitsvorgänge, Arbeitsplätze, Arbeitsstoffe**

Das ASCHG sieht eine ganze Reihe von Regelungen vor zur Arbeitsplatzgestaltung, Instandhaltung, Reinigung, Wartung von Arbeitsmitteln bis hin zur Überwachung von Arbeitsprozessen mittels Grenzwerten. Alle diese Forderungen können auch aus dem Kapitel 4.9 „Prozeßlenkung" der ISO 9001 herausgelesen werden. Sogar die „Arbeitsstättenbewilligung" (§ 92 ASCHG) ist in der ISO 9001 sinngemäß wiederzufinden (Kap. 4.9 e „Genehmigung von Prozessen").

Die EMAS-Verordnung fordert Arbeitsanweisungen für umweltrelevante Tätigkeiten (Anhang 1, B 3). Die Genehmigung von Prozessen ist mit der Forderung nach Einhaltung der einschlägigen Gesetze (z. B. Gewerbeordnung, Abfallwirtschaftsgesetz usw.) und den darin festgelegten Genehmigungspflichten eindeutig gegeben.

Eine besondere Übereinstimmung besteht bei der Forderung nach der Überwachung von Prozessen, Einrichtungen und Arbeitsmitteln:

● ISO 9001 Kap. 4.9 g „Prozeßlenkung/Instandhaltung"

● ASCHG § 37: Prüfung von Arbeitsmitteln unter Berücksichtigung der Allgemeinen Dienstnehmerschutzverordnung (inkl. Novellen) und der Maschinensicherheitsverordnung

● EMAS-Verordnung Anhang 1 B 4: „Überwachung und Kontrolle der relevanten verfahrenstechnischen Aspekte".

Alle drei Regelwerke fordern periodische Überprüfungen. In diesem Falle bietet sich die Einführung eines Überwachungssystems in einer einzigen Kartei oder EDV-Datenbank geradezu an.

Gegenüberstellungen und Synergien

● **Beschaffung**

Das ASCHG sieht die Möglichkeit vor, daß Sicherheitsfachkräfte und Arbeitsmediziner auch von extern zugekauft werden können. Des weiteren können sich Unternehmen der Dienste der sicherheitstechnischen und medizinischen Zentren bedienen. Die EMAS-Verordnung verlangt Festlegungen, die sicherstellen sollen, daß Lieferanten ökologische Anforderungen des Unternehmens einhalten.

Die ISO 9001 fordert demgegenüber Festlegungen für den Beschaffungsablauf, zur Lieferantenauswahl und zur periodischen Lieferantenbewertung zum Zwecke der permanenten Verbesserung der Geschäftsbeziehung. Es liegt auf der Hand, daß sowohl der Zukauf von Präventivdiensten oder von persönlicher Schutzausrüstung wie auch die Aufnahme von Umweltaspekten in die Beschaffungsanforderungen am effizientesten nach den bestehenden Regeln aus Kapitel 4.6 „Beschaffung" der ISO 9001 abgehandelt werden. In Kapitel 5.8 wird ein Beispiel aus der Praxis gezeigt, wie Umweltkriterien in die Auswahl neuer Lieferanten einfließen können.

● **Begehung, Besichtigung, Auditierung**

Sowohl ISO 9001, ASCHG als auch EMAS-Verordnung sehen übergeordnete Überwachungsinstrumente vor.

Qualität ISO 9001	ArbeitnehmerInnen- schutzgesetz ASCHG		Umweltschutz
ISO 9001, Kap. 4.17 „Interne Audits" ISO 9004, Kap. 5.4 „Auditierung des QM-Systems" ISO 10011, Teil 1,2,3 „Auditwesen"	§ 78: § 85 ASCHG	gemeinsame Begehung durch SFK und AM gemeinsame Besichtigungen Überwachung durch die Arbeitsinspektorate	**EMAS:** Artikel 4 und Anhang 1 A6: Umweltbetriebsprüfung **ISO 14000:** Kap. 4.4.2 Measuring and monitoring Kap. 4.4.3 Audits of the environmental management system

Abb. 27: Begehung, Besichtigung, Auditierung im Regelwerksvergleich

Gegenüberstellungen und Synergien

Die Begehung und Besichtigung von Arbeitsstätten nach ASCHG, Umweltbetriebsprüfungen nach EMAS-Verordnung und interne Audits nach ISO 9001 sind vom Zweck, Inhalt und Vorgehen her praktisch identisch. Auch die Überwachung durch externe Stellen, im Q-System durch die Zertifizierungsstellen, im S-System durch die Arbeitsinspektorate und im U-System durch die Umweltgutachter, ist vom System und Ablauf betrachtet durchaus vergleichbar. Im Q-System sind die Anforderungen an die Auditierung wesentlich genauer geregelt als in den beiden anderen Bereichen. Interne Audits und Begehungen als wesentlicher Bestandteil im QSU-System werden hinsichtlich Vorgehensweise, Auditorenqualifikation usw. ausführlich im Kapitel 5.7 beschrieben.

	Tätigkeit	Zuständigkeit	Dokumentation
Q	ISO 9001, ISO 10011 intern: Audits extern: Audits	interne Auditoren Zertifizierungs- stellen	Auditbericht Zertifikat
S	ASCHG, ArbIG intern: Besichtigungen extern: Inspektionen	SFK, SVP, ASA Arbeitsinspektorate	Protokoll Anforderungen, Bescheide, Strafanzeigen
U	EMAS intern: Umwelt- betriebsprüfung extern: Umweltaudit ISO 14000 intern: Audits extern: Umweltaudits	fachkundige Personen Umweltgutachter interne Auditoren Zertifizierungsstellen	Bericht Gutachten, Auf- nahme in Standort- verzeichnis Auditbericht Auditbericht, Zertifikat

Abb. 28: Systematik von Begehung, Besichtigung und Auditierung

● **Haftung**

Mit dem Wort „Haftung" sind immer zwei Aspekte verbunden. Zum Beispiel bewirkt die Haftung für die Qualität eines Produktes eine **Verpflichtung** für den Hersteller und andererseits eine gewisse **Sicherheit** für den Käufer.

Gegenüberstellungen und Synergien

Haftung bedeutet aber auch Gewährleistung (Garantie) für eine bestimmte Zeit und damit wiederum Sicherheit, daß das Produkt bei Mängeln umgetauscht oder zumindest kostenlos instandgesetzt wird. Haftung hat aber auch unter Umständen zur Folge, daß Schadenersatzansprüche ausgelöst werden, beispielsweise dann, wenn wissentlich ein mangelhaftes Produkt in Verkehr gebracht wird oder wenn Regeln der Technik nicht eingehalten werden.

Haftung gibt es auch dann, wenn einem Dritten ein Schaden zugefügt wird. Der Anspruch auf Schadenersatz wird in manchen Bereichen insofern begrenzt, als Versicherungen, die verpflichtend abzuschließen sind, den Ersatz des Schadens unter bestimmten Voraussetzungen übernehmen. Der Arbeitnehmerschutz und die Verpflichtung der Arbeitgeber, den Unfallversicherungsbeitrag zu entrichten, ist ein klassisches Beispiel dafür, daß Schadenersatzansprüche an den Arbeitgeber im Regelfall nicht gestellt werden können, weil die Unfallversicherung leistungspflichtig eintritt.

Grundsätzlich gilt, daß Schadenersatzansprüche immer nur dann geltend gemacht werden können, wenn tatsächlich ein Schaden eingetreten ist. Im § 1293 ABGB heißt es: „Schaden heißt jeder Nachteil, welcher jemandem an Vermögen, Rechten oder seiner Person zugefügt worden ist. Davon unterscheidet sich der Entgang des Gewinnes, den jemand nach dem gewöhnlichen Lauf der Dinge zu erwarten hat."

Aus dieser Texierung ergibt sich, daß es eigentlich zwei Schadensarten gibt, nämlich den Vermögensschaden und den ideellen Schaden. Zugegebenermaßen ist die Formulierung des § 1293 nicht leicht verständlich, doch steht fest, daß unter Schaden nicht nur der Vermögensschaden, sondern auch der ideelle Schaden, was sich eindeutig aus der Erwähnung der Nachteile an der Person ergibt, verstanden wird.

Eine umfassende Darstellung des Haftungsrechtes – es ergibt sich aus einer Fülle von Rechtsgutachten – ist aus Platzgründen in dieser Publikation nicht möglich und auch nicht sinnvoll. Trotzdem sollen einige Teilbereiche dieser Rechtsmaterie ansatzweise dargestellt werden.

● **Die Verschuldenshaftung**

Das im ABGB (Allgemeines Bürgerliches Gesetzbuch) in den §§ 1294 ff. dargestellte Schadenersatzrecht ist vom Prinzip der sogenannten „Verschuldenshaftung" beherrscht. Vereinfacht heißt dies: Wer einem anderen schuldhaft einen Schaden zufügt, ist zum Ersatz verpflichtet. Das „schuldhafte Verhalten" ist eine Handlung, die außerhalb der sogenannten „rechtlichen Schranken" erfolgt, also rechtswidrig ist. Die Rechtswidrigkeit kann sich entweder durch eine Vertragsverletzung ergeben, oder sie entsteht durch „deliktisches" Verhalten.

Gegenüberstellungen und Synergien

● **Dienstnehmerhaftung und Organhaftung**

Wenn ein Dienstnehmer seinem Dienstgeber im Rahmen der Erbringung seiner Arbeitsleistung einen Schaden zufügt, so kann dies zur Haftung und damit zur Schadenersatzpflicht führen. Der Gesetzgeber hat dazu ein eigenes Dienstnehmerhaftpflichtgesetz und ein Organhaftpflichtgesetz geschaffen und dabei diesen Schadenersatzanspruch insofern eingeschränkt, als er den Begriff der „entschuldbaren Fehlleistung" eingeführt hat. Tritt der Schaden nämlich aus dem Grunde einer „entschuldbaren Fehlleistung" ein, so besteht kein Schadenersatzanspruch. Wenn die Schadenszufügung bloß auf einem minderen Grad des Versehens, also auf leichter Fahrlässigkeit beruht, so kann der Schadenersatz ganz oder teilweise erlassen werden.

Die weitgehenden „Haftungsbegünstigungen" beruhen auf der Überlegung, daß mit zunehmender Technisierung durchaus die Möglichkeit besteht, daß schon bei einem geringfügigen Versehen große Schäden entstehen können. Hier kann das Risiko für fahrlässiges Verhalten nicht auf den wirtschaftlich schwächeren Dienstnehmer abgewälzt werden, zumal der Dienstgeber im Regelfall auch den Vorteil der Dienstleistungen des Dienstnehmers annimmt.

Dienstgeberhaftung

Die Dienstgeberhaftung ist ein klassisches Beispiel dafür, wie durch eine Pflichtversicherung (Unfallversicherung) Haftungsansprüche begrenzt werden. Das Allgemeine Sozialversicherungsgesetz (ASVG) regelt, daß ein Schadenersatzanspruch, zum Beispiel infolge einer Körperverletzung bei einem Arbeitsunfall oder bei einer Berufskrankheit, nur dann besteht, wenn der Arbeitsunfall bzw. die Berufskrankheit **vorsätzlich** verursacht worden ist. Es muß also Vorsätzlichkeit bzw. grobe Fahrlässigkeit vorliegen, um schadenersatzpflichtig zu werden. Im Regelfall wird der Schadenersatz von der gesetzlichen Unfallversicherung übernommen, wobei bei grober Fahrlässigkeit bzw. Vorsatz der Versicherungsträger seine Leistungen, die er dem Unfallopfer gegenüber erbracht hat, im sogenannten Regreßverfahren vom Dienstgeber einfordert.

Produkthaftung – Produzentenhaftung

Bezieht der Konsument die Ware direkt vom Erzeuger, so hat er bei Mängeln oder Mangelfolgeschäden einen Anspruch auf Schadenersatz durch den Erzeuger der Ware. Dieser „einfache" Fall ist aber nicht die Regel, sondern kommt eher selten vor. Im Regelfall werden Waren bei einem Händler erworben. Diesen Händler kann natürlich kein Verschulden bei der Konstruk-

Gegenüberstellungen und Synergien

tion oder Herstellung des Produktes treffen. Er kann allenfalls dafür haften, daß er es an der nötigen Aufklärung und Information beispielsweise über die sachgerechte Verwendung des Produktes hat fehlen lassen. Ebenso kann der Händler schadenersatzpflichtig werden, wenn er seine Pflicht zur Überprüfung der ausgehändigten Ware vernachlässigt hat, wobei diese Pflicht nach herrschender Rechtslehre nur so aufgefaßt werden kann, daß die Prüfpflicht überhaupt „möglich" sein muß, das heißt, es müßten entsprechende Qualifikationen bzw. sogar Prüfeinrichtungen vorhanden sein.

Der Erzeuger wiederum steht in keinem direkten Vertragsverhältnis mit dem Erwerber. Trotzdem trifft ihn die Haftung, wenn Konstruktions- oder Fabrikationsfehler vorliegen, die den Schadensfall ausgelöst haben. Die Beweislast trifft dabei allerdings den Geschädigten, wodurch die Durchsetzung derartiger Schadenersatzansprüche erschwert wird.

4.3 Schnittstellen zwischen zwei Bereichen

Neben den im Kapitel 4.2 beschriebenen Synergien zwischen Qualität, Sicherheit und Umweltschutz gibt es auch Gemeinsamkeiten und Überlappungen, die jeweils nur auf zwei Bereiche zutreffen.

Synergien zwischen Qualität und Umwelt

Folgende Inhalte in der ISO 9001 und der EMAS-Verordnung (bzw. ISO 14000) finden im ArbeitnehmerInnenschutzgesetz keine Entsprechung:

- Politik, Zielsetzung und Weiterentwicklung
- Systemdarstellung
- Freiwillige Zertifizierung

Politik, Zielsetzung und Weiterentwicklung

Sowohl ISO 9001 als auch die EMAS-Verordnung verlangen von den Unternehmungen die Erarbeitung einer Qualitäts- bzw. einer Umweltpolitik, die auf allen Ebenen des Unternehmens verstanden und umgesetzt wird (Kap. 4.1.1 der ISO 9001 bzw. Anhang 1, Punkt A der EMAS-Verordnung, Kap. 4.1.4 der ISO 14000). Die Anforderungen im Umweltbereich sind allerdings wesentlich schärfer formuliert als in der Qualität: Neben der Einhaltung aller einschlägigen Gesetze – womit die nationale Umweltgesetzgebung zu einem starken Standortfaktor wird – ist eine kontinuierliche Verbesserung über diesen Mindeststandard hinaus als Bestandteil der Umweltpolitik erforderlich.

Die Festlegungen in der Qualitäts- bzw. Umweltpolitik, die naturgemäß nur sehr grob und unscharf sein können, sind in der weiteren Folge durch die Definition konkreter, zahlenmäßig erfaßbarer Ziele präzise darzulegen. Ein derartiges Kennzahlensystem unterstützt das Management bei den erforderlichen Planungsprozessen (z. B. Budgetierung) und macht eine Kontrolle der Qualitäts- bzw. Umweltpolitik überhaupt erst möglich. Die ausgewählten Kennzahlen besitzen daher sowohl einen Zielsetzungscharakter (Vorgabewerte) als auch einen Kontrollcharakter. Abhängig von Auswahl und Erfassungsintervall der Kenngrößen kann diese Systematik auch zur Unternehmenssteuerung verwendet werden. Die kontinuierliche Weiterentwicklung im QSU-System wird somit der unternehmerischen Freiheit anheimgestellt.

Im ArbeitnehmerInnenschutzgesetz ist die Festlegung von unternehmerischen Sicherheitszielen sowie von Kenngrößen explizit nicht gefordert. Die Entwicklung in bezug auf Sicherheit ist an die Gesetzesentwicklung geknüpft.

Gegenüberstellungen und Synergien

Systemdarstellung

In der ISO 9001, in der EMAS-Verordnung und auch in der ISO 14000 ist die Darstellung des firmenspezifischen Qualitäts- bzw. Umweltmanagementsystems (Regelung von Verantwortungen, Aufgabenverteilung, Abläufe usw.) gefordert. Das ArbeitnehmerInnenschutzgesetz verzichtet darauf, nicht zuletzt wegen des Umstandes, daß einzurichtende Stellen, Aufgaben usw. abhängig von der Unternehmensgröße im ASCHG ohnedies eindeutig vorgeschrieben sind. Ein firmenspezifischer Interpretations- und Entscheidungsspielraum existiert hier kaum.

Freiwillige Zertifizierung

ISO 9001, EMAS-Verordnung und ISO 14000 beinhalten die Möglichkeit der freiwilligen Zertifizierung (Umweltbegutachtung) durch unternehmensexterne, unabhängige Zertifizierungsstellen (Umweltgutachter). Durch das Ausstellen eines Zertifikates bestätigt die Zertifizierungsstelle dem Unternehmen die Einhaltung der Anforderungen in den der Zertifizierung zugrundeliegenden Regelwerken. Dieses System wurde mit der ISO 9001 erstmals umgesetzt, die Umweltregelwerke haben dieses erfolgreiche Modell aus der Qualitätswelt übernommen. In der Praxis werden Zertifizierungen mittlerweile von mehreren Dienstleistern angeboten.

Eine gemeinsame Zertifizierung von Qualitäts- und Umweltmanagement schafft die Möglichkeit zum Kostensenken und wird von einigen Zertifizierungsgesellschaften – vor allem von jenen, die aus dem Qualitätswesen stammen – auch bereits angeboten. Daneben haben sich in jüngster Vergangenheit auch neue Anbieter aus dem Bereich der Umweltberatung etabliert, die allerdings nur eine Umweltbegutachtung durchführen. Die Angebotspalette an möglichen Zertifizierern ist jedenfalls größer und dadurch auch differenzierter geworden.

Synergien zwischen Umwelt und Sicherheit

Die nachfolgend beschriebenen Synergien zwischen Umweltschutz und Arbeitssicherheit beruhen in erster Linie auf zwei Aspekten, die in der ISO 9001 nicht angesprochen werden. Zum einen ist dies das Vermeiden und Begrenzen von Störfällen (Umwelt) oder Unfällen (Sicherheit). Weil in der Praxis Unfälle und Störfälle sehr oft miteinander einhergehen, drängt sich eine einheitliche Betrachtungsweise förmlich auf.

Der zweite Aspekt betrifft die Dichte an gesetzlichen oder normativen Anforderungen sowie den Umstand, daß im Gegensatz zum Qualitätswesen der Nachweis der Einhaltung gegenüber behördlichen Vertretern (und nicht Kunden) nachgewiesen werden muß.

Gegenüberstellungen und Synergien

Gesetze, Bescheide

Sowohl Umweltschutz als auch Arbeitssicherheit sind in weiten Bereichen durch gesetzliche Regelungen bestimmt. Die Regelungstiefe ist dabei unterschiedlich, geht aber beispielsweise im Umweltschutz bis hin zur genauen Vorschreibung hinsichtlich Messungen, Meßmethoden und Interpretation der Meßergebnisse. Vergleichbare gesetzliche Regelungen sind im Qualitätswesen nicht zu finden.

Die Umsetzung des Gesetzeswerkes auf die unternehmensspezifischen Gegebenheiten erfolgt im Rahmen der jeweils erforderlichen Genehmigungsverfahren. Üblicherweise sind zum Betrieb einer Anlage eine Genehmigung nach

- dem Baurecht und
- der Gewerbeordnung

erforderlich. Abhängig von der jeweiligen Anlage können aber auch Genehmigungen nach Abfallwirtschaftsgesetz, Berggesetz, Forstrecht, Naturschutzgesetz usw. notwendig werden. Im Zuge der gewerberechtlichen Genehmigung werden die meisten umweltrelevanten Gesetzesmaterien behandelt (Luftreinhalterecht, Wasserrecht, diverse Verordnungen wie Störfallverordnung, Lösemittelverordnung, Lackieranlagenverordnung usw.). Brandschutz und Arbeitnehmerschutz sind im gewerberechtlichen Verfahren ebenfalls durch entsprechende brandschutztechnische Auflagen (zuständige Brandverhütungsstelle) sowie Auflagen des Arbeitsinspektorates integriert. Die im Bescheid enthaltenen Auflagen stellen die Umsetzung der gesetzlichen Anforderungen auf die jeweilige Anlage dar.

Die EMAS-Verordnung und auch die ISO 14000 fordern von den Unternehmungen als Mindestvoraussetzung die Einhaltung aller umweltrelevanten Gesetze. In der Praxis heißt das, daß die in den Bescheiden enthaltenen Auflagen (auch den Arbeitnehmerschutz betreffend) eingehalten werden müssen.

Im Q-System spielen Gesetze nur indirekt eine Rolle. Einfluß und Auswirkungen haben vor allem das Produkthaftungsgesetz BGBl. Nr. 99/89 und das Allgemeine Bürgerliche Gesetzbuch und das Handelsgesetzbuch mit den Haftungsansprüchen für Gewährleistung und Garantie.

Behörden

Die Unternehmungen haben den Nachweis, daß sie alle gesetzlichen Bestimmungen und behördlichen Auflagen einhalten, gegenüber den jeweils zuständigen Behörden zu erbringen. Im Qualitätswesen ist es der zahlende Kunde, der die Einhaltung der Qualitätsanforderungen überprüft.

Gegenüberstellungen und Synergien

Mit der Möglichkeit der Umweltzertifizierung – deren Mindestvoraussetzung ja die Einhaltung aller gesetzlichen Umweltanforderungen ist – stehen Unternehmungen und Behörden vor einer interessanten Diskussion: Wenn ohnedies ein externer Umweltgutachter die Gesetzeseinhaltung überprüft, könnte dann die Behörde von diesen Aufgaben entlastet werden? Diese Privatisierung von Behördenaufgaben wirft eine Reihe von Fragen auf, die zum jetzigen Zeitpunkt nur schwer zu beantworten sind:

- Darf und soll der Staat seine ureigene Aufgabe der Überwachung der Gesetzeseinhaltung privatisieren?
- Wie kann Seriosität und Genauigkeit der Prüfungen sichergestellt werden, wenn die Prüfung eine bezahlte Dienstleistung ist?
- Welche zusätzlichen Anforderungen ergeben sich an die Umweltgutachter?
- Wie kann Mißbrauch verhindert werden?
- Wie stark ist der Anreiz für die Unternehmungen, ein Umweltzertifikat zu erlangen, wenn damit behördliche Kontrollen erleichtert werden?
- Wie sehr könnten die Behörden entlastet werden?

Störfälle, Brandschutz, Explosionsschutz

Eine direkte Verknüpfung von Umweltschutz und Arbeitssicherheit liegt im österreichischen Gesetzeswerk in Form der Störfallverordnung (BGBl. Nr. 553/1991) und der Störfallinformationsverordnung (BGBl. Nr. 391/1994) vor. Da in der EMAS-Verordnung neben der Einhaltung aller umweltrelevanten Gesetze auch die Abschätzung von Umweltauswirkungen aus abnormalen Betriebsbedingungen, Unfällen und Notfällen gefordert ist, wird im Rahmen der Umweltbegutachtung die Einhaltung der Störfallverordnung überprüft. Und die Störfallverordnung wiederum verlangt unter anderem technische Vorkehrungen nach dem Stand der Sicherheitstechnik (§ 3), vorbeugenden Brand- und Explosionsschutz (§ 4), die Erstellung einer Sicherheitsanalyse (§ 7) sowie die Erarbeitung eines Maßnahmenplanes (§ 9).

Synergien zwischen Qualität und Sicherheit

Instandhaltung

Die Instandhaltung von Einrichtungen, Anlagen, Maschinen, Meß- und Prüfmitteln und deren periodische Überprüfung wird im Qualitäts- und im Sicherheitsbereich gefordert. In der ISO 9000 ff. wird eine zweckmäßige Instandhaltung zur Sicherstellung der Produktqualität gefordert. Dies betrifft auch die Kalibrierung von Meß- und Prüfmitteln. Im ArbeitnehmerInnen-

Gegenüberstellungen und Synergien

schutzgesetz werden überwachungspflichtige Einrichtungen definiert, die entsprechend festgelegter Fristen einer Überprüfung auf Sicherheitsaspekte unterzogen werden müssen. Wichtig geworden ist dabei die CE-Kennzeichnung für Maschinen, Druckgeräte und persönliche Schutzausrüstungen. Die Vorgangsweise für Druckgeräte ist in Österreich im BGBl. Nr. 211/92 geregelt. Weitere überwachungspflichtige Anlagen sind z. B.: Kräne, Anschlagmittel, Tore, Aufzüge, Hebebühnen, Flurförderfahrzeuge etc.

4.4 Singuläre Bereiche

Neben den vielzähligen Bereichen mit Synergien gibt es aber letztendlich doch auch Aspekte, die kaum Synergiemöglichkeiten bieten.

Qualität

- **Vertragsprüfung**

    Die konkrete Ausrichtung auf den Kunden (Kundenzufriedenheit) ist schwerpunktmäßig nur im Q-Bereich vorhanden. Dementsprechend ist der Ablauf von Markt-/Kundenanforderungen und -erwartungen bis hin zum abgeschlossenen Vertrag und darauffolgenden Änderungen eine singuläre Forderung der ISO 9000 ff.

- **Entwicklung**

    Der Produktentwicklungsprozeß spielt im Q-System eine wichtige Rolle. Der Ablauf von der Idee bis zur Serienreife ist zu regeln und durch Entwicklungspläne zu dokumentieren. An exakt definierten Meilensteinen/Haltepunkten werden Entscheidungen über die Weiterführung und Freigabe der nächsten Schritte getroffen. Diese geplante und dokumentierte Vorgangsweise ist notwendig geworden, da seit der Inkraftsetzung des Produkthaftungsgesetzes auch ganz klar der Entwicklungs- und Konstruktionsfehler zur Haftung führt. Die ISO 9000 ff. nimmt dabei konkret Bezug auf die umweltgerechte Produktgestaltung und Entsorgung. Auch die Sicherheitsaspekte sind zu berücksichtigen, da durch EU-Richtlinien (CE-Kennzeichnung) vorgegeben. Während in den Sicherheitsregelwerken jeglicher Hinweis auf den Produktentwicklungsprozeß fehlt, wird dieser in der EMAS-Verordnung nur sehr gekürzt behandelt. Die Umweltauswirkungen neuer Produkte sind im voraus zu beurteilen.

- **Meß- und Prüfmittel**

    Eine Überwachung der Meß- und Prüfmittel wird nur in der ISO 9000 ff. gefordert (z. B. ISO 9001 Kapitel 4.11 und ISO 9004 Kapitel 4.13). Die Richtlinie ISO 10012-2 nimmt konkret Bezug auf die Anforderungen in bezug auf die Überwachung, Kalibrierung, Meßgenauigkeiten und Rückführung auf nationale oder internationale Normale.

- **Statistische Methoden**

    Im Q-Bereich ist es üblich, Meßergebnisse aus Prüfungen noch weiter zu verarbeiten. Damit wird es möglich, Streubreiten, Mittelwerte und Wahrscheinlichkeiten für die Toleranzüberschreitungen zu ermitteln und da-

Gegenüberstellungen und Synergien

mit Herstellprozesse zu charakterisieren. Diese Technik in Form von Regelkarten und statistischer Prozeßkontrolle (SPC) ist in der Serienfertigung im Q-Bereich verbreitet und erfolgreich in Anwendung und leistet gute Dienste. Vor allem wird es auch möglich, den Prüfaufwand zu reduzieren. Im S- und U-Bereich hat diese Technik noch keine Verbreitung gefunden, und die Regelwerke sind nicht darauf abgestimmt.

Sicherheit

- **Gesundheitsaspekte**

Erste Hilfe, Sanitär- und Sozialeinrichtungen, Arbeitsmediziner sind Anforderungen, die explizit nur im ASCHG vorkommen.

- **Sanitär- und Sozialbereiche**

Regelungen über Sanitär- und Sozialbereiche sind nur im S-Bereich zu finden.

- **Diverse Spezialbereiche**

Nichtraucherschutz, Bildschirmarbeitsplätze, persönliche Schutzausrüstungen sind Anforderungen, die im Q- und U-Bereich im Regelfall nicht angesprochen werden.

Umwelt

- **Umwelterklärung**

Die Information der Öffentlichkeit mittels einer eigenen Umwelterklärung ist eine wesentliche Forderung der EMAS-Verordnung (nicht aber der ISO 16000), wobei die Mindestinhalte einer Umwelterklärung genau festgelegt sind (siehe dazu Kapitel 2.3). Ähnliche Forderungen sind im Qualitätswesen wie auch im Arbeitnehmerschutz gänzlich unbekannt.

- **Förderungen**

EU-Umweltförderungen:

Umweltschutz ist ein erklärtes Ziel der Europäischen Union, zur Umsetzung werden zahlreiche Förderprogramme angeboten. Diese reichen von der Vermittlung und Unterstützung internationaler Kontakte über die finanzielle Unterstützung von Forschungs- und Entwicklungsanstrengungen im Umweltschutzbereich bis hin zur Förderung von Pilotanwendungen oder Pilotanlagen. Bei Umweltprojekten werden die generell gültigen Förderobergrenzen der EU angehoben.

Gegenüberstellungen und Synergien

JOULE II	Programm im Bereich der nicht nuklearen Energien, das die F & E Arbeit unterstützt und deren Programm THERMIE vorgelagert ist: – Strategieanalyse und Modellentwicklung – Energieerzeugung aus fossilen Brennstoffen bei geringsten Emissionen – Erneuerbare Energiequellen – Energienutzung und -einsparung.
THERMIE	Programm zur Förderung von Energietechnologien, die nicht mehr im Entwicklungsstadium sind: – Rationelle Energienutzung – Erneuerbare Energien – Feste Brennstoffe – Kohlenwasserstoffe – Begleitende Maßnahmen.
SAVE	Ein Programm zur Förderung der Energieeffizienz, das Pilotstudien, die Festlegung von Energiesparzielen und Pilotprojekte finanziert.
ALTENER	Ein Programm zur Verbreitung alternativer Energien.
STEP-EPOCH	Diese beiden wissenschaftlichen Programme im Bereich Forschung und technologische Entwicklung unterstützen Forschung auf den Gebieten: – Umwelt und menschliche Gesundheit – Bestimmung der mit Chemikalien verbundenen Risiken – Atmosphärische Vorgänge und Luftqualität – Wasserqualität – Boden- und Grundwasserschutz – Ökosystemforschung – Schutz und Erhaltung des europäischen kulturellen Erbes – Technologien für den Umweltschutz – Größere technologische Risiken und Brandsicherung – Frühere Klimate und Klimaveränderungen – Klimaprozesse und -modelle – Klimatische Belastungen und klimabedingte Gefahren – Erdbebenrisiko.
MAST	Programm im Bereich Meereswissenschaft und -technologien: – Grundlagen- und angewandte Forschung auf dem Gebiet der Meereswissenschaften – Küstenzonenkunde und Küsteningenieurwesen – Meerestechnologien – Unterstützende Tätigkeiten.
LIFE	Das Finanzierungsinstrument für die Umwelt: – Förderung einer nachhaltigen Entwicklung und der Umweltqualität – Schutz der Lebensräume und der Natur – Verwaltungsstrukturen und Dienste für die Umwelt – Bildung, Ausbildung und Information – Maßnahmen außerhalb des Gebietes der Union.

Abb. 29: EU-Förderprogramme

Gegenüberstellungen und Synergien

Insgesamt fördert die EU Umweltschutzprojekte unterschiedlichster Art mit jährlich rund 14 Mrd. Schilling. Über Details geben die EU-Beratungsstellen Auskunft. Die wichtigsten EU-Förderprojekte siehe Abb. 29.

Österreichische Umweltförderungen:

Die österreichischen Umweltförderungen werden von der Invest-Kredit abgewickelt. Unter den zahlreichen laufenden Aktionen zur Schwerpunkt-

1. **CKW-Aktion**
   Umstellung von chlorierten Lösungsmitteln auf CKF-freie Systeme
   Fördersatz: 35 %   Laufzeit: unbefristet

2. **Umstellung auf Fernwärme:**
   Fördersätze: 30 % aus erneuerbarer Energie   Laufzeit: unbefristet
   18 % aus nicht erneuerbarer Energie

3. **Kraftwärmekopplungsanlagen erdgasbefeuert:**
   Fördersätze: bei elektrischer Leistung < 2 MW: 18 %
   bei elektrischer Leistung > 2 MW: 10 %
   Förderobergrenze: öS 20 Mio.   Verlängerung: bis 31. 12. 96

4. **Solaraktion:**
   Fördersatz: 30 %   Laufzeit: bis 31. 12. 1997
   Die Aktion wird von der Kommission für betriebliche Umweltförderung als außerordentlich bedeutend für die Umwelt eingestuft, Doppelförderungen sind daher möglich.

5. **Wärmerückgewinnung und Wärmepumpen:**
   Fördersätze: 24,5 %   Laufzeit: bis 31. 12. 1997

6. **Biologische Abluftreinigung**
   Fördersatz: 27 %   Laufzeit: bis 30. 06. 1999

7. **Öko-Audits**
   Fördersatz: 15–50 %   Laufzeit: bis 31. 03. 1997
   Förderobergrenze: öS 500.000,–

8. **Lackieranlagen:**
   Fördersatz: 30 % – bereits Lösemittel-
   reduktion seit 1991
   eingeleitet   Laufzeit: bis 31. 12. 1997
   18 % – keine Lösemittel-
   reduktion seit 1991

9. **Gießerei-Aktion:**
   Fördersatz: 22 %   Laufzeit: bis 31. 12. 1997
   30 % bei gleichzeitiger
   Setzung einer Maßnahme
   zur Reduktion der gefähr-
   lichen Abfälle
   (Förderbonus 8 %)

   SCS/Stand 1. 4. 1996

Abb. 30: Österreichische Umweltförderung

Gegenüberstellungen und Synergien

bildung ist die zur Unterstützung bei der Einführung eines Umweltmanagementsystems nach EMAS-Verordnung besonders erwähnenswert. Details zu einzelnen Aktionen sind den jeweiligen Informationsunterlagen zu entnehmen. Derzeit aktuelle Förderschwerpunkte siehe Abb. 30.

5. Werkzeuge zur kombinierten Anwendung

Dieses Kapitel erklärt Techniken, die sich bei ihrem Einsatz vor allem im Qualitätsbereich erfolgreich bewährt haben. In weiterer Folge wird untersucht, inwieweit sie zur gemeinsamen Handhabung der QSU-Aspekte verwendet werden können. Anhand von Praxisbeispielen soll gezeigt werden, daß dies möglich ist und Entscheidungsfindungen, Tätigkeiten, die Information und Kommunikation effizient und erfolgreich unterstützt werden können.

Insgesamt werden acht Techniken vorgestellt, die die Erprobungsphase bereits absolviert haben und kontinuierlich in der Praxis im Einsatz sind.

- Ursachen-Wirkungs-Diagramm / ISHIKAWA
- Regelkartentechnik / RK
- Statistische Prozeßkontrolle / SPC
- Multiple Einflußgrößenrechnung / MER
- Entscheidungsanalyse / EA
- Risikoanalyse / FMEA
- Interne Audits
- Lieferantenbeurteilung

Werkzeuge zur kombinierten Anwendung

5.1 Ursachen-Wirkungs-Diagramm / ISHIKAWA

Das Ursachen-Wirkungsdiagramm nach ISHIKAWA visualisiert die Ursachen (Einflußgrößen z. B. Maschineneinstelldaten) in Zusammenhang mit ihren Wirkungen (Zielgrößen z. B. Inhalte von technischen Spezifikationen). Die grundlegende Überlegung von Prof. ISHIKAWA war dabei, daß die Einflußgrößen aus den vier Bereichen Mensch, Material, Methode und Maschine kommen können. Die gemeinsame Betrachtung stellt sicher, daß kein Bereich vernachlässigt oder sogar vergessen wird. Da alle vier Bereiche mit einem großen „M" beginnen, wird sie auch häufig Vier-M-Methode genannt.

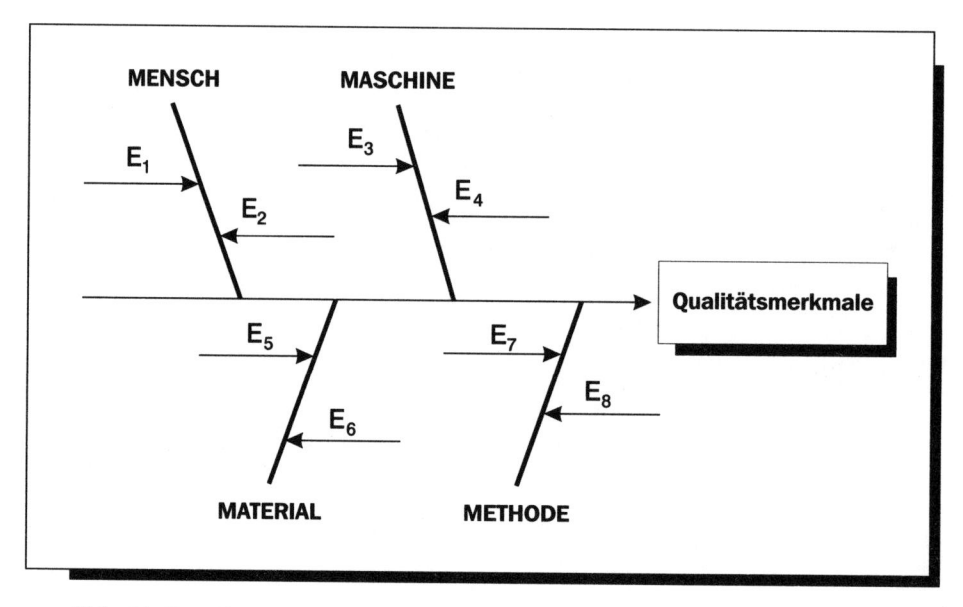

Abb. 31: Das ISHIKAWA-Diagramm

Mittlerweile ist es üblich geworden, auch noch die Umwelteinflüsse (z. B. Raumtemperatur oder Luftfeuchtigkeit) und Managementaspekte zu berücksichtigen.

Praxisbeispiel:

Das Schweißverfahren mittels „Time Process" erlaubt eine deutlich höhere, spezifische Schweißleistung gegenüber herkömmlichen Verfahren und wird zur Produktivitätssteigerung in Schweißbetrieben zur Anwendung gebracht. Das Prozeßgeschehen kann mittels ISHIKAWA visualisiert werden. In der integrierten QSU-Betrachtungsweise ist es nun nicht mehr möglich,

Werkzeuge zur kombinierten Anwendung

sich nur auf die Qualitätsmerkmale zu konzentrieren. Sowohl bei den Merkmalen als auch bei den Einflußgrößen werden nun auch die Aspekte aus den Qualitäts-, Sicherheits- und Umweltbereichen berücksichtigt. Jede Projektplanung und -realisierung kann mit dieser Methode wirkungsvoll unterstützt werden und fördert auch die Arbeit im Team, wenn das Diagramm im Rahmen eines Workshops gemeinsam erarbeitet und gepflegt wird. Auch bei der Fehlersuche als Ursache-Wirkungs-Diagramm kann diese Systematik hilfreich verwendet werden.

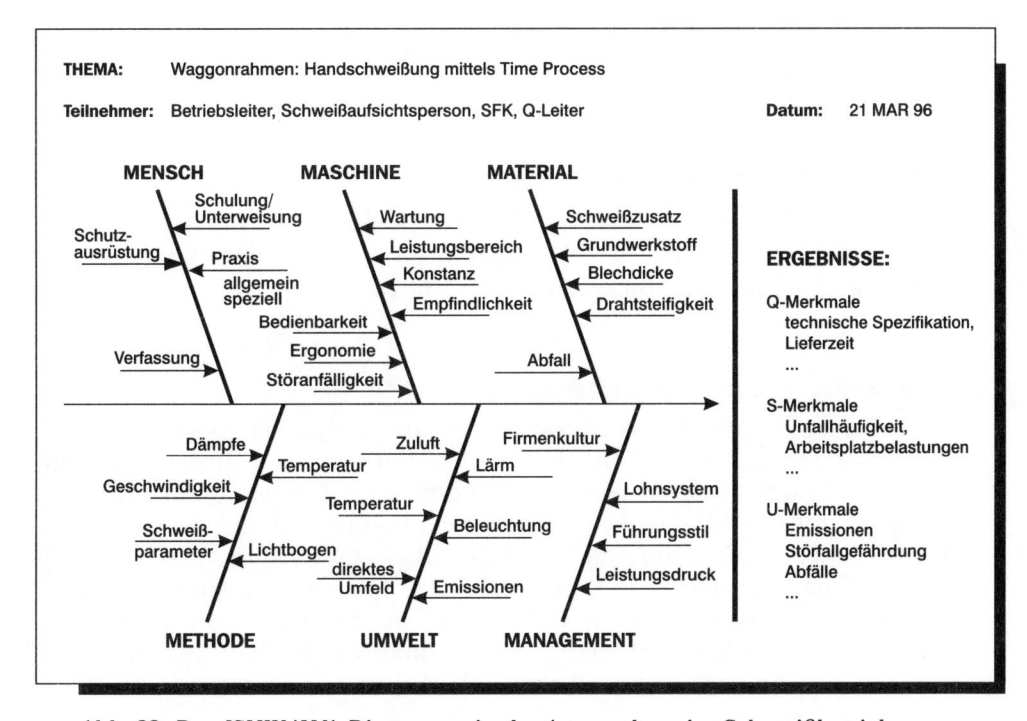

```
THEMA:        Waggonrahmen: Handschweißung mittels Time Process
Teilnehmer:   Betriebsleiter, Schweißaufsichtsperson, SFK, Q-Leiter              Datum:   21 MAR 96
```

        MENSCH   MASCHINE   MATERIAL
            Schulung/
            Unterweisung   Wartung   Schweißzusatz
    Schutz-   ERGEBNISSE:
    ausrüstung   Praxis   Leistungsbereich   Grundwerkstoff
                  allgemein   Konstanz   Blechdicke
                  speziell   Empfindlichkeit   Drahtsteifigkeit
                  Bedienbarkeit   Q-Merkmale
                                                                     technische Spezifikation,
        Verfassung   Ergonomie   Abfall   Lieferzeit
                      Störanfälligkeit   ...

                                                                   S-Merkmale
                                                                     Unfallhäufigkeit,
            Dämpfe   Zuluft   Firmenkultur   Arbeitsplatzbelastungen
    Geschwindigkeit   Temperatur   Lärm   ...
                                                    Lohnsystem
                       Temperatur   Beleuchtung   U-Merkmale
    Schweiß-   Führungsstil   Emissionen
    parameter   Lichtbogen   Störfallgefährdung
                  direktes   Abfälle
                  Umfeld   Emissionen   Leistungsdruck   ...

        METHODE   UMWELT   MANAGEMENT

Abb. 32: Das ISHIKAWA-Diagramm in der Anwendung im Schweißbetrieb

Werkzeuge zur kombinierten Anwendung

5.2 Regelkartentechnik / RK

Bei der Regelkartentechnik werden gemessene IST-Werte in ein Diagramm eingetragen, welches den oberen (OGW) und den unteren Grenzwert (UGW) exakt markiert. Nähert sich nun der IST-Wert einem der beiden Grenzwerte und überschreitet die Warngrenze (OGW' und UGW'), dann sind Maßnahmen am Herstellprozeß einzuleiten, die sicherstellen, daß sich der IST-Wert wiederum an den SOLL-Mittelwert annähert. Die kontinuierliche Rückführung des IST-Wertes an den SOLL-Mittelwert wird als Prozeßlenkung in der Qualitätslehre beschrieben. Dieses System bietet sich auch für alle S- und U-Grenzwerte an.

Praxisbeispiel mechanische Bearbeitung
● Kipphebel, Durchmesser 30 H6 (Q-Bereich)

Die Werte liegen innerhalb der Toleranzgrenzen oder Warngrenzen. Der Herstellprozeß ist in Ordnung (siehe Abb. 33, Seite 91).

Praxisbeispiel Spanplattenerzeugung

Bei der Spanplattenerzeugung spielt Formaldehyd eine wichtige Rolle. Formaldehyd wird als gefährlicher Arbeitsstoff eingestuft und ist dementsprechend auch in der MAK-Wert-Liste enthalten. Des weiteren existieren auch Grenzwerte für den Formaldehydgehalt in der Spanplatte selbst. Der Formaldehydgehalt in der Abluft und die Abwasserbelastung sind in firmenspezifischen Bescheiden im Rahmen der Betriebsanlagengenehmigung geregelt. Somit existieren Grenzwerte aus allen drei Bereichen Qualität, Sicherheit, Umwelt, die im Herstellprozeß gemeinsam gelenkt und beherrscht werden müssen (siehe Abb. 34, Seite 92).

Praxisbeispiel Perforatorwert in der Spanplatte (Q/U-Bereich)

Die DIBt-Richtlinie legt den oberen Grenzwert mit 8 mg/100 g Atro-Spanplatte für unbeschichtete und mit 10 mg/100 g für beschichtete Spanplatten fest. Der gleitende Halbjahresmittelwert darf 6,5 nicht überschreiten. Der untere Grenzwert ergibt sich aus internen Regelungen aus dem Q-Bereich mit 4 mg/100 g. Wird dieser Wert unterschritten, dann ist mit Fehlern am Produkt zu rechnen.

Die Werte liegen innerhalb der Toleranzgrenzen. Der Herstellprozeß ist in Ordnung. Warngrenzen werden in dieser Überwachung nicht verwendet (siehe Abb. 35, Seite 93).

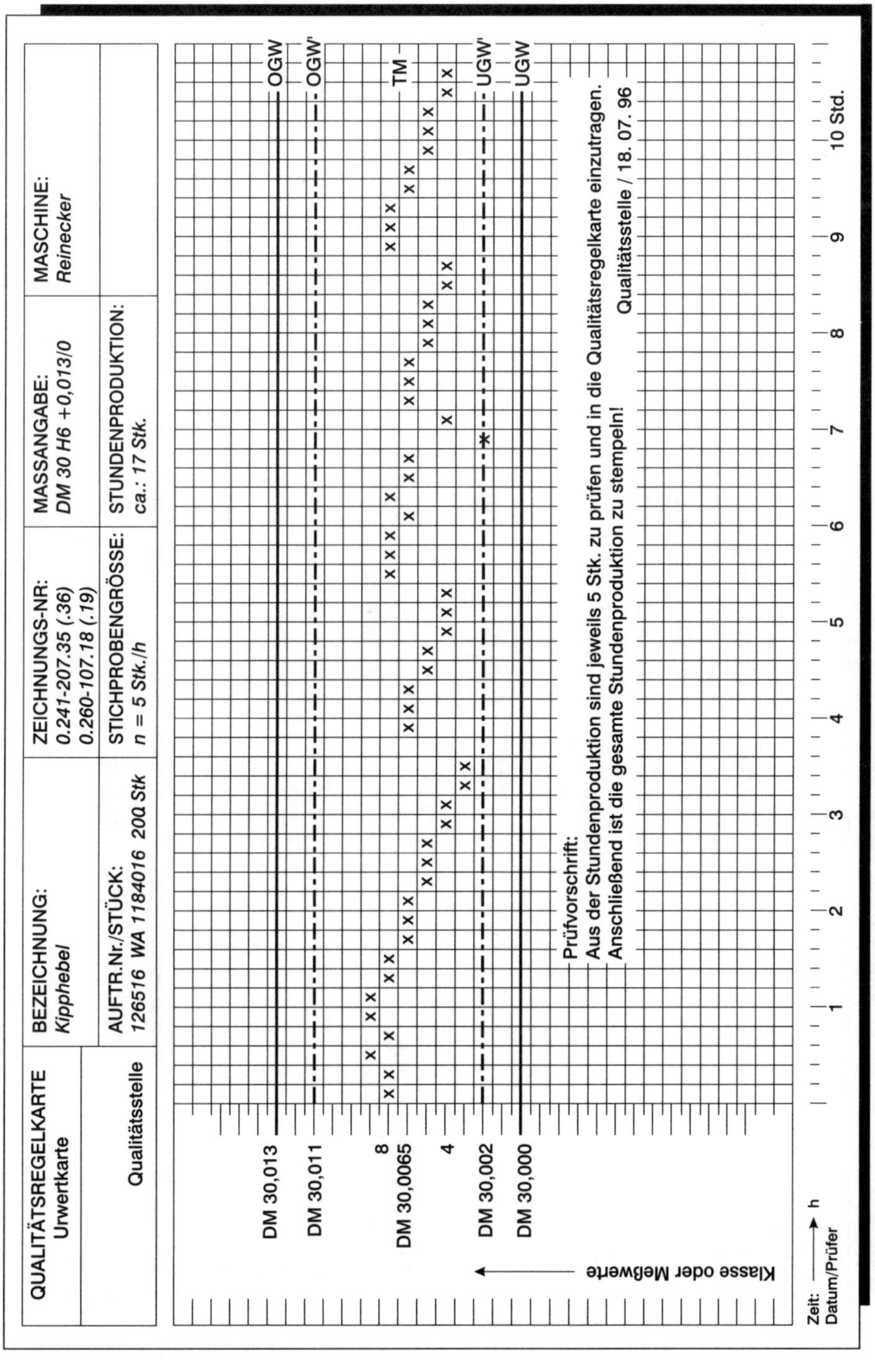

Werkzeuge zur kombinierten Anwendung

Abb. 33: Qualitätsregelkarte in einer mechanischen Fertigung

Werkzeuge zur kombinierten Anwendung

Merkmal	Zuordnung	Grenzwerte		Regelwerk
● Perforatorwert in der Spanplatte (Formaldehydgehalt)	Q, U	Mittelwert	< 6,5 mg/100 g Atro-Spanplatte	DIBt-Richtlinie 100 und ChemverbotsV
		OGW	8 oder 10 mg/100 g Atro-Spanplatte (unbeschichtet oder beschichtet)	interne Festlegung
		UGW	4 mg/100 g Atro-Spanplatte	
● Rohdichte	Q	OGW	750 kg/m³	ÖNORM B 3002
		UGW	450 kg/m³	
● Querzugfestigkeit	Q	UGW	0,20 bis 0,50 N/mm² je nach Plattendicke	ÖNORM B 3002
● Arbeitsplatzbelastung durch Formaldehyd	S	OGW	0,5 ml/m³ Luft oder 0,6 mg/m³ Luft	MAK-Wert Liste
● Formaldehyd in der Abluft	U	OGW	5 mg/m³ Luft	firmenspezifische Bescheide
● Abwasserbelastung CSB	U	OGW	2500 mg/l oder 1500 kg/Tag	firmenspezifische Bescheide

Abb. 34: Grenzwerte bei der Spanplattenfertigung

Werkzeuge zur kombinierten Anwendung

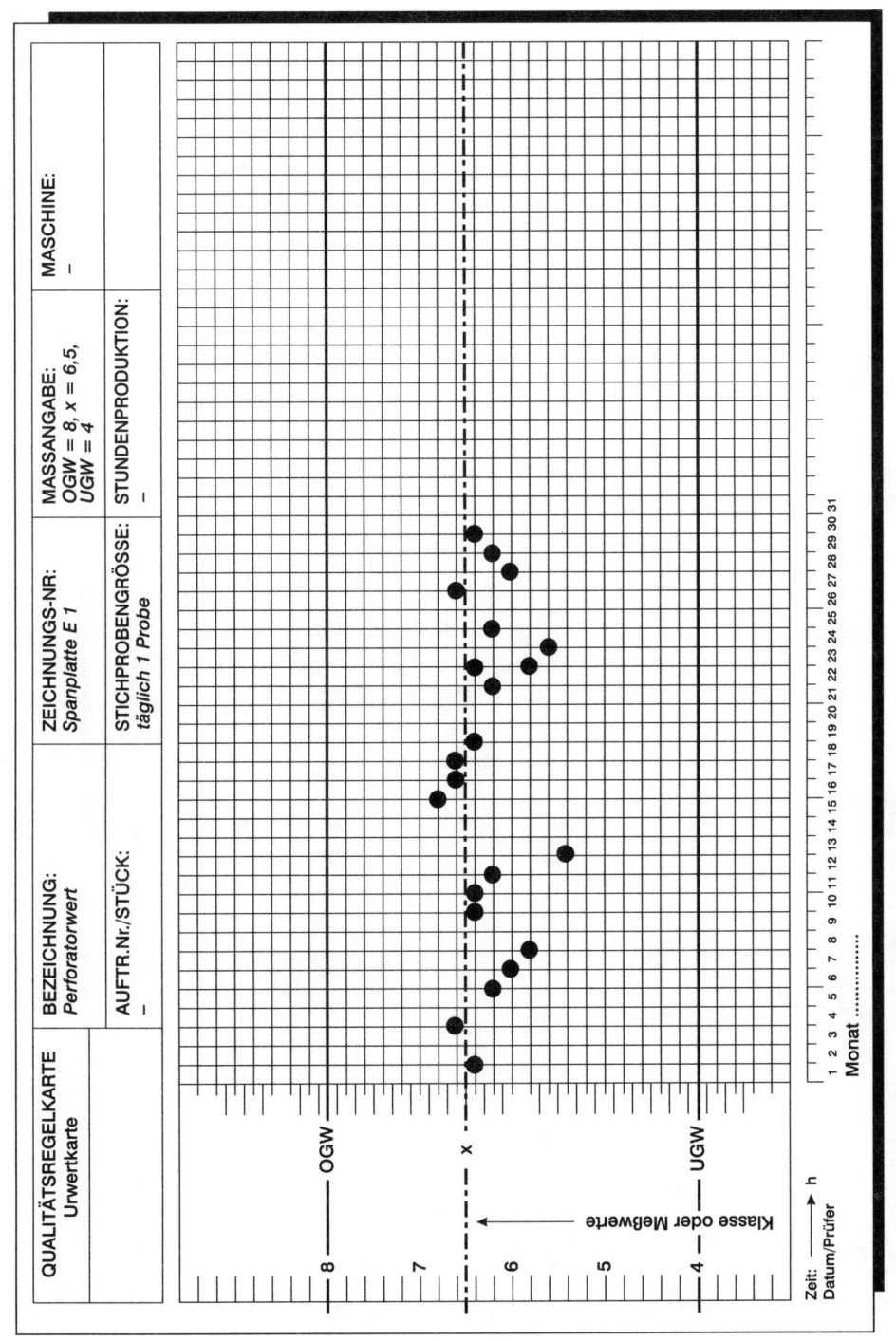

Abb. 35: Formaldehydkonzentration in der Spanplatte

Werkzeuge zur kombinierten Anwendung

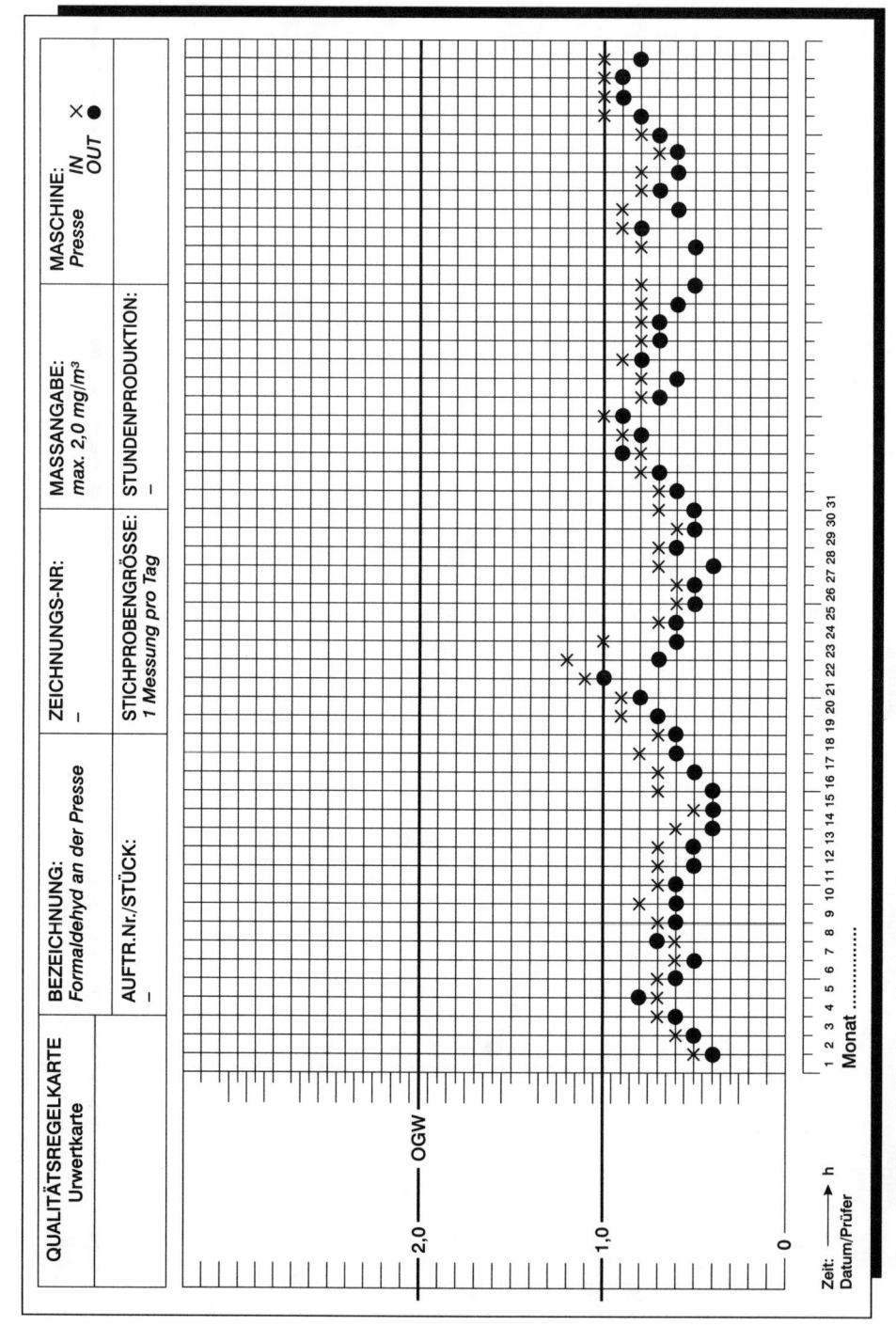

Abb. 35: Formaldehydkonzentration in der Spanplatte

Werkzeuge zur kombinierten Anwendung

Praxisbeispiel Formaldehyd am Arbeitsplatz bei der Spanplattenerzeugung (S-Bereich)

Die Formaldehydkonzentration am Arbeitsplatz ist laut MAK-Werte-Liste in Österreich mit 0,5 ml/m^3 (ppm) und/oder 0,6 mg/m^3 begrenzt. In England liegt der Grenzwert etwas höher bei 2 mg/m^3 Luft. Abb. 35 auf Seite 94 zeigt die Überwachung der täglich gemessenen Arbeitsplatzkonzentration am Pressenein- und Pressenausgang. Nach englischen Grenzwerten beurteilt entspricht der Herstellprozeß. Nach der österreichischen MAK-Wertliste beurteilt müßten entsprechende Maßnahmen gesetzt werden. Das Beispiel zeigt somit, wie stark die nationale Gesetzgebung auf die Umsetzung der EMAS-Verordnung einwirkt: Ein und derselbe Betrieb kann in England ein EMAS-Zertifikat erhalten, in Österreich nicht.

Werkzeuge zur kombinierten Anwendung

5.3 Statistische Prozeßkontrolle / SPC

Die Regelkartentechnik kann mittels mathematisch-statistischer Methoden noch perfektioniert und zur statistischen Prozeßlenkung (SPC) erweitert werden. Diese ist im Q-Bereich in der Serienfertigung erfolgreich in Anwendung.

Die mathematische Grundlage geht davon aus, daß die Meßergebnisse „normalverteilt" sind und mittels der „Gaußschen Verteilung" charakterisiert werden können. Dann lassen sich mittels der Standardabweichung auf einfache Art und Weise die Prozeßfähigkeitsindizes errechnen.

Durch die Ermittlung der Prozeßfähigkeitsindizes c_p und c_{pk} kann die Fähigkeit des Herstellprozesses mit Hilfe von nur zwei Kennzahlen dargestellt werden. Der c_p-Wert charakterisiert die Streubreite des Herstellprozesses, der c_{pk}-Wert charakterisiert die Prozeßlage um den SOLL-Mittelwert.

$$c_p = \frac{OGW - UGW}{6 \times s}$$

$$c_{pk} = \frac{OGW - \bar{x}}{3 \times s} \quad \text{oder} \quad \frac{\bar{x} - UGW}{3 \times s}$$

OGW .... oberer Grenzwert
UGW .... unterer Grenzwert
s .... Standardabweichung
$\bar{x}$ .... Mittelwert

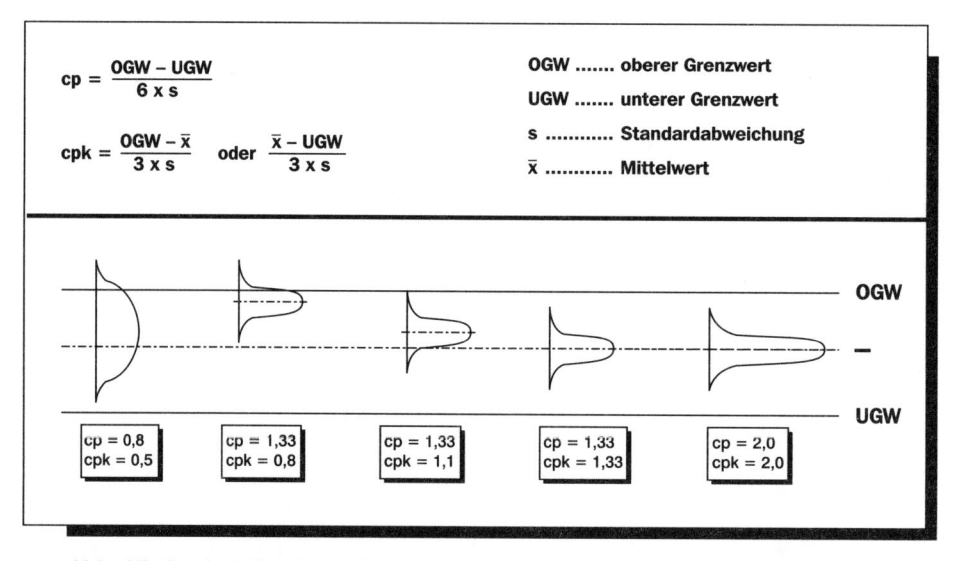

| $c_p = 0{,}8$ | $c_p = 1{,}33$ | $c_p = 1{,}33$ | $c_p = 1{,}33$ | $c_p = 2{,}0$ |
| $c_{pk} = 0{,}5$ | $c_{pk} = 0{,}8$ | $c_{pk} = 1{,}1$ | $c_{pk} = 1{,}33$ | $c_{pk} = 2{,}0$ |

Abb. 37: Statistische Prozeßkontrolle

c_p- und c_{pk}-Werte haben nun folgende Bedeutung (siehe auch Abb. 38):

c_p, c_{pk} kleiner 1,0:
Mehr als 5 % aller IST-Werte liegen außerhalb der Toleranzgrenzen. Es ist mit Ausschuß und kontinuierlichen Grenzwertüberschreitungen zu rechnen. Je kleiner c_p und c_{pk} ermittelt werden, desto mehr IST-Werte liegen außerhalb der Toleranzen.

Werkzeuge zur kombinierten Anwendung

c_p, c_{pk}		Auswirkungen		
		Q	S	U
2,00	beherrschte Prozesse	Produktfehler unwahrscheinlich, keine Prüfung erforderlich	keinerlei Sicherheits- und Gesundheitsrisiko, Meßaufwand kann stark reduziert werden	keinerlei Umweltrisiko, ausgezeichnete Nachweissicherheit
Prozeß ist fähig				
1,33	Fehlerquote 0,00 %	Ausschuß- und Garantiekosten unwahrscheinlich, der Prüfumfang kann reduziert werden	kein Sicherheits- und Gesundheitsrisiko, reduzierter Prüfaufwand möglich	kein Umweltrisiko, gute Nachweissicherheit
bedingt fähig				
1,00	Fehlerquote 0,27 %	— Grenze zum Stand der Technik —		
0,90	Fehlerquote > 5 %	100 % Prüfung erforderlich, Durchschlupf führt zu Garantieanspruch	Sicherheits- und Gesundheitsrisiko vorhanden, persönliche Schutzausrüstungen erforderlich	Umweltschäden sind zu erwarten, Altlastenrisiko steigt
nicht fähig				
0,80	Fehlerquote > 20 %	100 % Sortierprüfung erforderlich, es ist mit hohem Ausschuß und Reklamationen zu rechnen	Akutes Sicherheits- und Gesundheitsrisiko, Sondermaßnahmen erforderlich, Behördenauflagen sind zu erwarten	hohe Umweltgefährdung, hohe Entsorgungskosten, Behördenauflagen sind zu erwarten, schutzlos gegen Bürgerinitiativen

Abb. 38: Statistische Prozeßkontrolle „SPC", Auswirkungen

Werkzeuge zur kombinierten Anwendung

c_p, c_{pk} liegen zwischen 1,0 und 1,33:
Der Herstellprozeß wird als bedingt qualitätsfähig eingestuft. Im ungünstigsten Fall sind max. 5 % aller Werte außerhalb der Grenzwerte zu erwarten. Eine Treffsicherheit von über 95 % wird im technischen Bereich im allgemeinen als gut oder noch ausreichend bezeichnet.

c_p, c_{pk} größer 1,33:
Der Herstellprozeß gilt als beherrscht. Es werden praktisch keine Werte außerhalb der Toleranzgrenzen beobachtet. Die Chance, einen IST-Wert außerhalb der Grenzwerte zu finden, liegt unter 0,00 %.

Die Anwendung dieser Technik stellt im Q-Bereich den Stand der Technik dar und hat sich bei der Prüfkostenoptimierung vielfach erfolgreich bewährt. Auch die Kommunikations- und Informationsbasis wird wesentlich vereinfacht. Im S- und im U-Bereich ist diese Technik derzeit praktisch nicht in Anwendung. Wie das Beispiel Formaldehyd in der Spanplatte nach der DIBt-Richtlinie zeigt, sind eher umständliche oder nicht ausreichende Grenzwertfestlegungen in den Regelwerken zu finden.

Praxisbeispiel mechanische Bearbeitung

- Kipphebel, Durchmesser 30 H6 (Q-Bereich)

    Das Beispiel in Kapitel 5.2 mit dem Kipphebelblock ergibt einen c_p-Wert von 1,80 und einen c_{pk}-Wert von 1,56. Der Fachmann erkennt anhand dieser beiden Kennzahlen sofort, daß der Herstellprozeß als fähig eingestuft werden kann. Ein Ausschuß ist nicht zu erwarten.

Der Aufwand und die Aussage für die Einstufung eines Herstellprozesses ist nun sehr unterschiedlich:

– herkömmliche Aufzeichnungen: umfangreich, wenig aussagefähig, als Kommunikationsbasis nicht geeignet

– mit Regelkarten: weniger umfangreich, Trends sind sehr schön zu erkennen, als Kommunikationsbasis gut geeignet

– mit SPC: geringster Aufwand, statistische Aussagen möglich, als Kommunikationsbasis sehr gut geeignet, Schulungsaufwand notwendig.

5.4 Multiple Einflußgrössenrechnung / MER

Die multiple Einflußgrößenrechnung ist eine mathematisch-statistische Rechenmethode, die die gegenseitige Korrelation und Regression von Einflußgrößen auf Zielgrößen quantifiziert. Damit läßt sich das ISHIKAWA-Diagramm (Kapitel 5.1), welches ausschließlich einen qualitativen Charakter aufweist, nun auch mathematisch berechnen. Es wird sofort klar, daß diese Kalkulationen im mehrdimensionalen Raum ablaufen müssen.

Grundlagen der MER

Die MER ermittelt aus einer Vielzahl von vorliegenden Einzeldaten durch Korrelation- und Regressionsrechnung die gegenseitigen Zusammenhänge der Variablen. Zur Charakterisierung der Beziehungen sind folgende Begriffe erforderlich:

Korrelation:

Sie ist ein Maß für die Stärke der Abhängigkeit zwischen zwei Größen und wird durch den Korrelationskoeffizienten und das Bestimmtheitsmaß B ausgedrückt.

Definitionsbereich für $r = -1,0 < r \leq 1,0$ $\qquad$ $B = r^2 \cdot 100$ in %

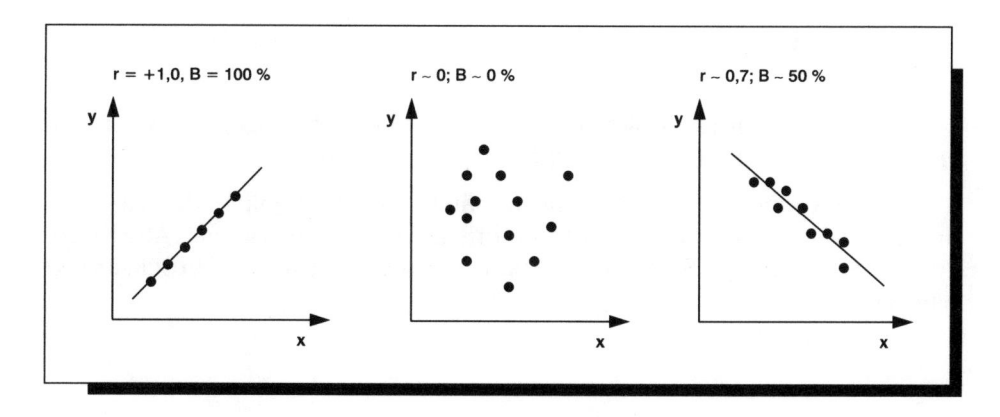

Abb. 39: Beispiele für Korrelationskoeffizienten und Bestimmtheitsmaße

Werkzeuge zur kombinierten Anwendung

Regression

Sie beschreibt einen funktionalen Zusammenhang zwischen einer oder mehreren Einflußgrößen und einer Zielgröße. Dabei wird die optimale Funktion mit Hilfe der „Methode der kleinsten Quadrate" ermittelt. Folgende statistischen Kennzahlen beurteilen die Güte einer Regressionsfunktion:

- Bestimmtheitsmaß B: Maß für die Regressionsfunktion
- Reststreuung S_R: die verbleibende Streuung der Zielgröße
- t-Test: Maß für die statistische Sicherheit einer Einflußgröße
- F-Test (F-Ratio):   Maß für statistische Sicherheit der Regressionsfunktion

Als mathematischer Ansatz der Regression wird neben anderen Möglichkeiten hauptsächlich der logarithmische Ansatz gewählt. Im Regelfall werden damit die besten Ergebnisse erzielt.

Die multiple logarithmische Regression hat folgende Form:

$$y_1 = \text{const} \times x_1^{a1} \times x_2^{b1} \times x_n^{n1}$$

$$y_2 = \text{const} \times x_1^{a2} \times x_2^{b2} \times x_n^{n2}$$

$$\vdots$$

$$y_n = \text{const} \times x_n^{an} \times x_n^{bn} \times x_n^{nn}$$

Legende: y .... *Zielgröße*
              x .... *Einflußgröße*
              $a, b, n, ...$ *Exponenten*

Damit können im komplexen Herstellprozeß die Abhängigkeiten der Zielgrößen y von den Einflußgrößen x errechnet werden.

Mit der Kenntnis dieser Zusammenhänge wird es möglich, den Herstellprozeß gezielt zu steuern und kontinuierlich weiterzuentwickeln. Alle Kenngrößen aus dem Q-, S-, U-Bereich können dabei simultan berücksichtigt werden.

Werkzeuge zur kombinierten Anwendung

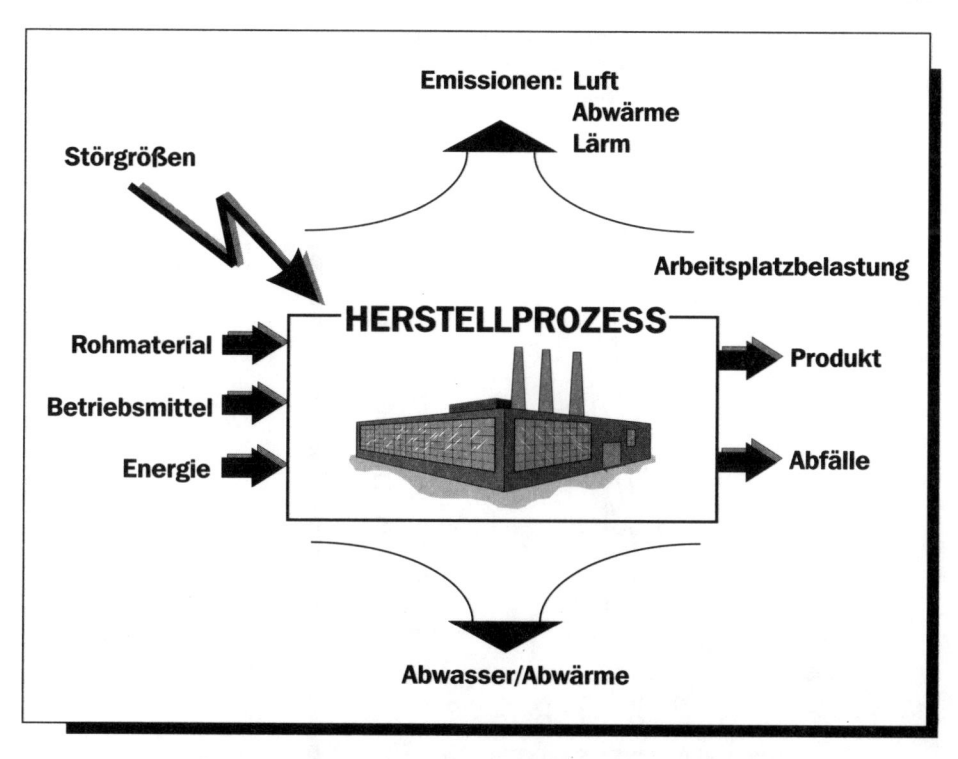

Abb. 40: Einflußgrößen und Zielgrößen in einem Herstellprozeß

Praxisbeispiel Spanplattenerzeugung (Q/S/U-Bereich)

Bei der kontinuierlichen Verpressung zur Spanplatte spielen eine ganze Reihe von Maschineneinstelldaten eine Rolle, die dann wiederum als Ergebnis die Grenzwerte aus den Richtlinien und Normen erfüllen müssen (vergleiche mit Kapitel 5.2). Die folgende Grafik (Abb. 41) zeigt den berechneten Zusammenhang zwischen Querzugfestigkeit, Formaldehydgehalt in der Spanplatte, Rohdichte, Plattendicke und Preßfaktor.

Anmerkung: Für eine gemeinsame Handhabung beider Diagramme sind bestimmte Voraussetzungen zu berücksichtigen.

Werkzeuge zur kombinierten Anwendung

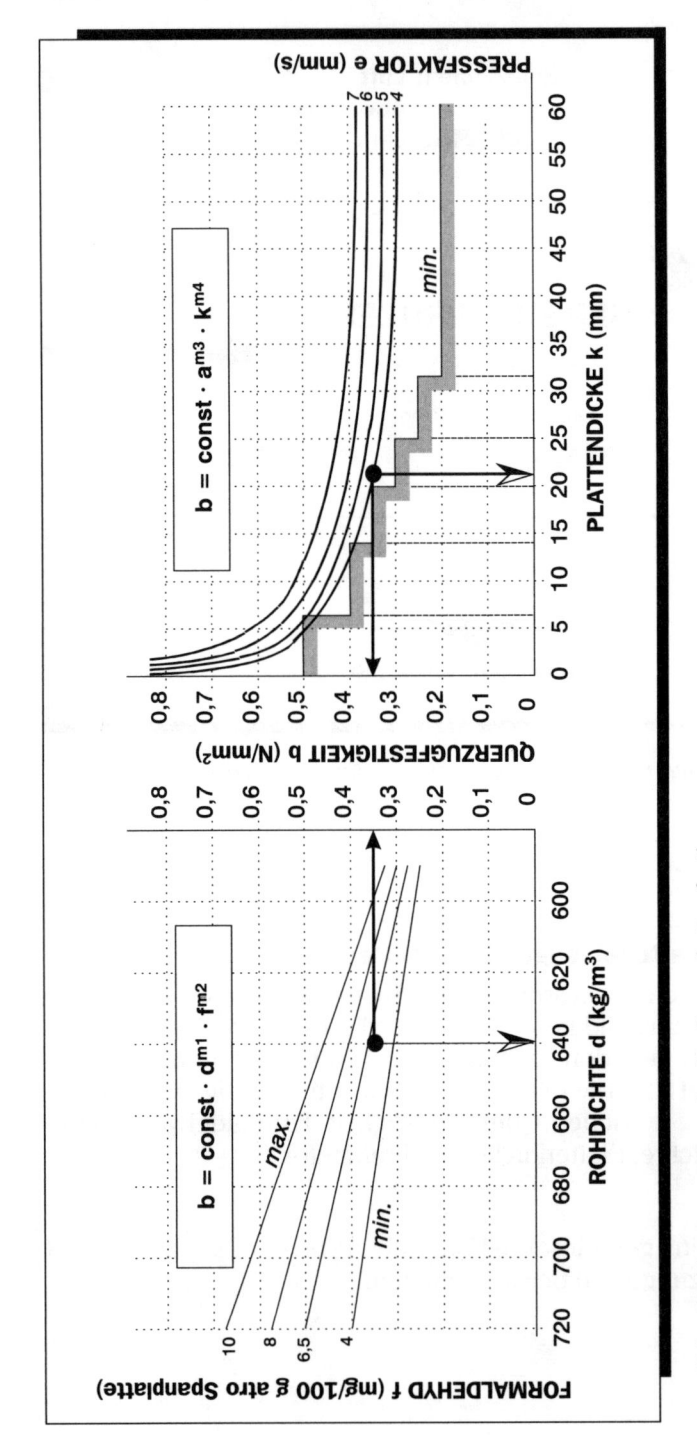

Abb. 41: Nomogramme in der Spanplattenfertigung

Werkzeuge zur kombinierten Anwendung

5.5 Entscheidungsanalyse / EA

Richtige Entscheidungen effizient und rasch zu treffen, ist eine der wichtigsten Fähigkeiten eines Unternehmens. Oftmals werden durch verschleppte Entscheidungen große Chancen verpaßt. Aber auch ausgesprochen mühevolle Entscheidungsfindungen mit langwierigen Diskussionen, viel Besprechungsaufwand und Reibungsverlusten sind im Geschäftsleben durchaus an der Tagesordnung. Besonders schlimm ist die Situation, wenn durch festgelegte Positionen Polarisierungen vorliegen und dadurch Meinungen zubetoniert sind. Bei der gemeinsamen Handhabung von Q-, S-, U-Aspekten sind diese Polarisierungen zum Teil sogar vorprogrammiert, da unterschiedliche Interessen von den Verantwortlichen vertreten werden müssen.

Die Entscheidungsanalyse ist eine Moderationstechnik nach einer bestimmten Systematik, die als Werkzeug zur Entscheidungsfindung hilfreich eingesetzt werden kann. Der Ablauf ist wie folgt:

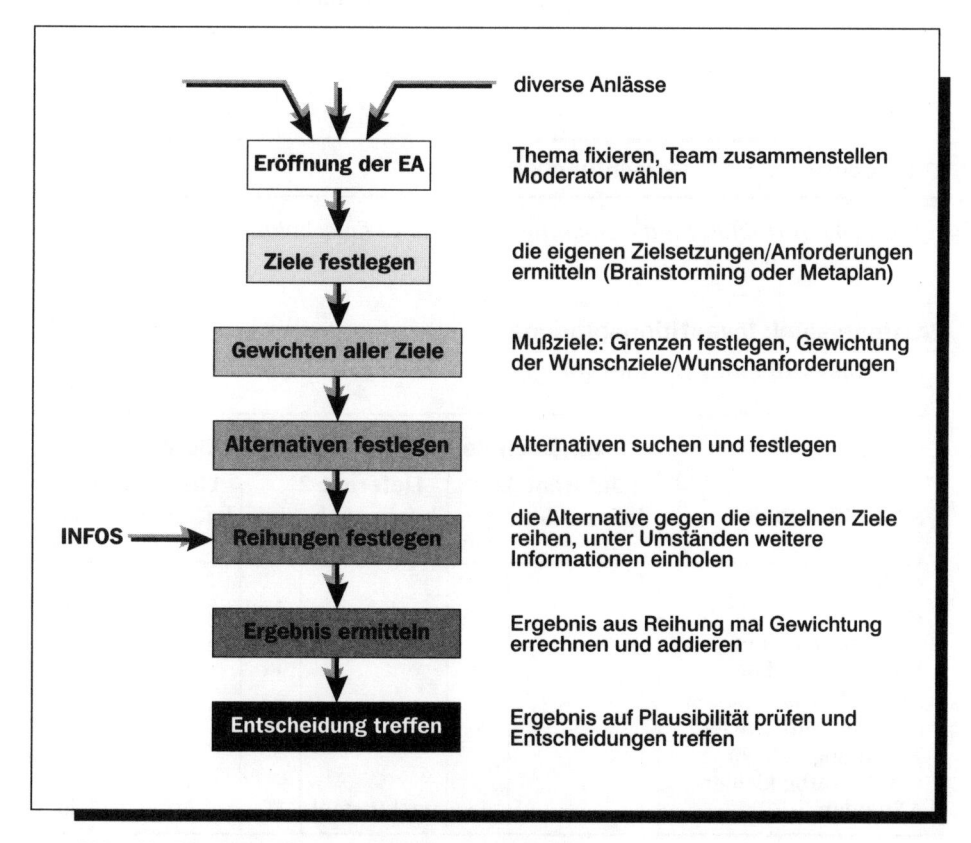

→ diverse Anlässe	
Eröffnung der EA	Thema fixieren, Team zusammenstellen Moderator wählen
Ziele festlegen	die eigenen Zielsetzungen/Anforderungen ermitteln (Brainstorming oder Metaplan)
Gewichten aller Ziele	Mußziele: Grenzen festlegen, Gewichtung der Wunschziele/Wunschanforderungen
Alternativen festlegen	Alternativen suchen und festlegen
INFOS → **Reihungen festlegen**	die Alternative gegen die einzelnen Ziele reihen, unter Umständen weitere Informationen einholen
Ergebnis ermitteln	Ergebnis aus Reihung mal Gewichtung errechnen und addieren
Entscheidung treffen	Ergebnis auf Plausibilität prüfen und Entscheidungen treffen

Abb. 42: Der Ablauf einer Entscheidungsanalyse

Werkzeuge zur kombinierten Anwendung

Die Durchführung selbst erfolgt unbürokratisch z. B. auf Flipcharts oder anderen geeigneten Hilfsmitteln. Zur Dokumentation hat sich folgendes Formblatt als zweckmäßig erwiesen. Aber auch eine EDV-Unterstützung ist möglich.

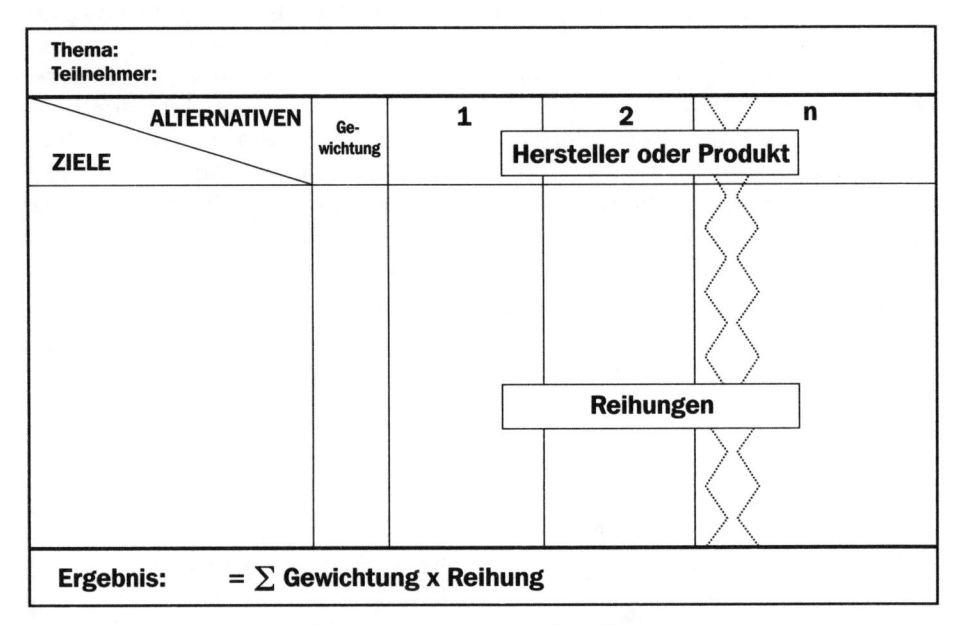

Thema: Teilnehmer:					
ZIELE \ ALTERNATIVEN	Gewichtung	1	2	...	n
		Hersteller oder Produkt			
		Reihungen			
Ergebnis:	$= \sum$ Gewichtung × Reihung				

Abb. 43: Formblatt für die Dokumentation einer Entscheidungsanalyse

Praxisbeispiel: Investitionsplanung
● Auswahl einer Lackieranlage

MUSSKRITERIEN	Vergleich der Alternativen gegen die Ziele					
	Lieferant 1		Lieferant 2		Lieferant 3	
	Information	ja/nein	Information	ja/nein	Information	ja/nein
ÖBB-Lieferantenzulassung		ja		ja	nachfragen!	??
Alle erforderlichen Farbtöne lieferbar		ja		ja		ja
Alle Materialien lackierbar (Alu, Nirosta usw.)		ja		ja		ja
Trocknungszeit vor zweiter Farbe kleiner 4 Stunden		ja	nachfragen!	???		ja

Fortsetzung nächste Seite

Werkzeuge zur kombinierten Anwendung

WUNSCHKRITERIEN	Gewicht 1-5	Lieferant 1 Informa-tion	Lieferant 1 Beurteilung 1-5	Lieferant 1 Wertzahl	Lieferant 2 Informa-tion	Lieferant 2 Beurteilung 1-5	Lieferant 2 Wertzahl	Lieferant 3 Informa-tion	Lieferant 3 Beurteilung 1-5	Lieferant 3 Wertzahl
Wirtschaftlichkeit										
Geringe Materialkosten pro Wagen	4		3	12		3	12		3	12
Niedriger Energieaufwand Trocknen	3		2	6		3	9		3	9
Kurze Durchlaufzeit Malerei	5		2	10		3	15		2	10
Umstellungskosten Lackieranlagen	3		3	9		3	9		3	9
Spritzdauer für geforderte Schichtdicke	5		3	15		2	10		2	10
Eigenschaften in Lackiererei										
Empfindlichkeit gegen Fehler in Vorbehandlung	4		3	12		5	10		3	12
Trocknungszeit vor nächster Farbe	4		2	8		2	8		2	8
Einfache Mischung der 2k-Lacke	2		1	2		1	2		1	2
Kantenstabilität	3		2	6		1	3		3	9
Gute Verarbeitbarkeit	2		2	6		3	6		3	6
Gute Lagerungsfähigkeit	3		1	2		1	2		1	2
Passende Gebindegröße	3		2	6		1	3		2	6
Montagequalität										
Oberflächenhärte in Montage	4		4	16		2	8		3	12
Ausbesserungsmöglichkeiten Montagekratzer	5		3	15		3	15		2	10
Reinigungsmöglichkeit (Fett, Silikon)	4		2	8		2	8		2	8
Haftung Klebebilder	2		3	6		4	12		2	6
Anzeichnen, Beschriften	2		3	6		4	8		3	6
Oberflächenqualität										
Glanzgrad	3		1	3		2	6		1	3
Oberflächenrauhigkeit	3		1	3		1	3		2	6
UV-Beständigkeit	4	nachfragen!	?		nachfragen!	?		nachfragen!	?	
Witterungsbeständigkeit	4	nachfragen!	?		nachfragen!	?		nachfragen!	?	
Empfindlichkeit Reinigungsmittel beim Kunden	3	nachfragen!	?		nachfragen!	?		nachfragen!	?	
Mitarbeiterschutz/ Umweltschutz										
Geringer verbleibender Lösemittelanteil	2		2	4		1	2		1	2
Leergebinde recyclingfähig	2		1	2		1	2		5	10
Anwendbarkeit HVLP für Grundierung und Füllung	3		3	9		2	6		3	9
Abfallaufkommen	1		2	2		4	4		2	2
Dämpfe nicht explosiv	4		1	4		1	4		1	4
Sonstiges										
Referenzen bei Schienenfahrzeugen	3		1	3		5	15		5	15
Unterstützung bei Systemumstellung	3		2	6		4	12		2	6
Garantien für geforderte Lackeigenschaften	5		2	10		2	10		3	15
Summe der gewichteten Wertzahlen				**191**			**214**			**209**

Abb. 44: Auswahl eines Wasserlacksystems für Schienenfahrzeuge

Werkzeuge zur kombinierten Anwendung

Praxisbeispiel: technische Planungsleistungen

- Auswahl von Blendschutzsystemen

Im Rahmen der Projektplanung eines Bauvorhabens wurden für die Beleuchtungstechnik der Büroräumlichkeiten verschiedene Licht- und Blendschutzsysteme diskutiert.

Die in der Planungsphase durchaus polarisierten Meinungen des Architekten, des Bauherrn und der planenden und ausführenden Firmen waren nicht so einfach auf einen Nenner zu bringen, und es entbrannte ein sog. „Gelehrtenstreit". Das involvierte Lichtlabor hat schließlich und endlich die Entscheidungsfindung systematisch vorbereitet, indem verschiedene Varianten den Zielvorstellungen gegenübergestellt wurden. In den Zielvorstellungen sind unschwer die Aspekte der Ergonomie, der Nutzerfreundlichkeit, aber auch der Wirtschaftlichkeit zu erkennen. Mit Hilfe dieser Entscheidungsvorbereitung war es nicht schwer, die richtige Lösung unter Berücksichtigung der Aspekte der Qualität, des ArbeitnehmerInnenschutzes und der Wirtschaftlichkeit zu finden und im Konsens zu beschließen. In der Praxis ist unschwer die Systematik der Entscheidungsanalyse zu erkennen.

Projekt-Nr.: Vergleich von Blendschutzsystemen	Blendschutzfunktion	Transparenz	Bedienung	Variabilität	Abschaltzeiten Kunstlicht	Sonnenschutzfunktion	Kosten	Note
GEWICHTUNG	3 fach	3 fach	1 fach	1 fach	0,5 fach	0,5 fach	2 fach	
1. Alufisch im Schiebepaneel	1	5	3	4	2	2	5	3,86
2. Blendschutzlamelle 0°	1,5	2	2	1,5	2	1,5	3	2,25
3. Blendschutzlamelle 30°	2	1	2	1	1	1	2,5	1,86
4. Lamelle 25 mm im Schiebepaneel	4	3	3	4	3	3	3	4,43
5. Stoffbespannte Rahmen als Schiebepaneel	4	1,5	3	4	4	4	1	3,93

Abb. 45: *Entwicklungsprojekt Blendschutzsysteme, Auswahl der besten Variante*

Weitere Praxisbeispiele:

- Auswahl der bestgeeigneten persönlichen Schutzausrüstung
- Auswahl einer neuen Technologie
- Auswahl eines Lieferanten
- usw.

5.6 Risikoanalyse / FMEA

Die FMEA (Fehler-Möglichkeiten-Einfluß-Analyse) hat sich in Qualitätsmanagementsystemen als wichtiges und nützliches Werkzeug etabliert. Der häufigste Einsatzbereich liegt in der Automobil- und Automobilzulieferindustrie als Prozeß- und Konstruktions-FMEA. Aber auch andere Bereiche wie Marketing, Beschaffung u. a. Einsatzgebiete in allen anderen Branchen können hervorragend abgedeckt werden, wenn die traditionelle FMEA-Systematik auf geeignete Art und Weise modifiziert und projektorientiert umgesetzt wird. So hat sich diese Projekt-FMEA als ausgezeichnete Vorbeugemaßnahme erwiesen, die lückenlos in das Q-Element nach ISO 9001 Kapitel 4.14 „Korrektur- und Vorbeugungsmaßnahmen" integriert werden kann. In dieser Form konsequent angewendet, kann sie wirksam mithelfen, das Risikopotential (latente Fehlerkosten) im Unternehmen beträchtlich zu reduzieren. Des weiteren läßt sich diese modifizierte „Projekt-FMEA" auch hervorragend zur Weiterentwicklung des Q-Systems durch vorbeugendes Vermeiden von Fehlern heranziehen.

Die Projekt-FMEA

Die Konstruktions- und Prozeß-FMEA nach VDA Heft Nr. 4 hat sich weitgehend als Stand der Technik etabliert. Dieser Bereich soll in weiterer Folge nicht behandelt werden. Diese Abhandlung ist der Anwendung der FMEA-Systematik in einem wesentlich erweiterten Einsatzbereich gewidmet. Dazu ist allerdings erforderlich, die FMEA auf ihre Grundstrukturen zurückzuführen, um sie universell anwendbar zu gestalten. Der daraus entwickelte Ablauf ist prozeßorientiert dargestellt und wird „Projekt-FMEA" benannt, weil sie gerade für den Einsatzbereich in der Projektbearbeitung besonders gut geeignet ist.

Werkzeuge zur kombinierten Anwendung

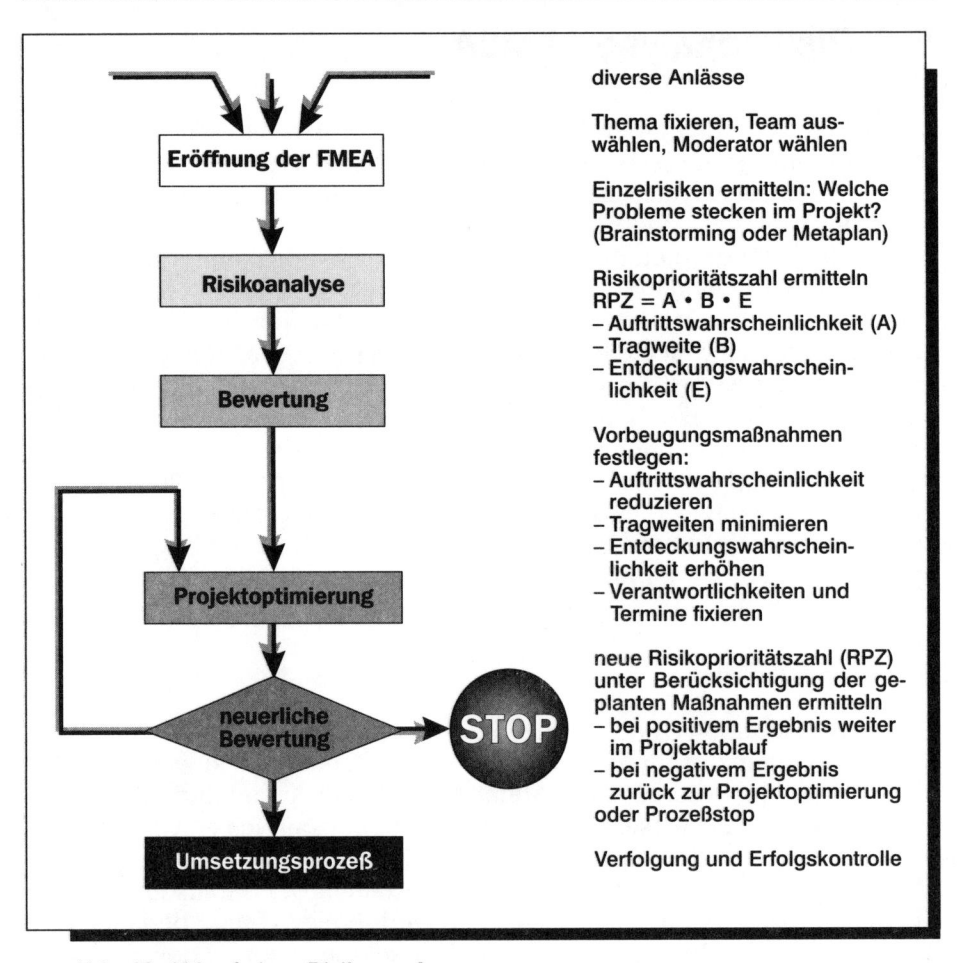

Abb. 46: Ablauf einer Risikoanalyse

Als Formblatt zur Bearbeitung und Dokumentation hat sich eine einfache und allgemein verständliche Form als zweckmäßig erwiesen (siehe Abb. 47).

Die Durchführung selbst erfolgt immer im Team und unbürokratisch auf Flipcharts oder anderen geeigneten Dokumentationsträgern. Der Moderator hat die Aufgabe zu lenken. Ein Abweichen von der Systematik führt automatisch zu Mehraufwand und Reibungsverlusten bei der Teamarbeit.

Um den QSU-Ansprüchen gerecht zu werden, muß nun eine Erfassung der potentiellen Probleme in allen drei Bereichen durchgeführt werden, um zu einem umfassenden und vollständigen Maßnahmenkatalog zu gelangen. Es wäre auch durchaus zu überlegen, ob die Projekt-FMEA eine geeignete

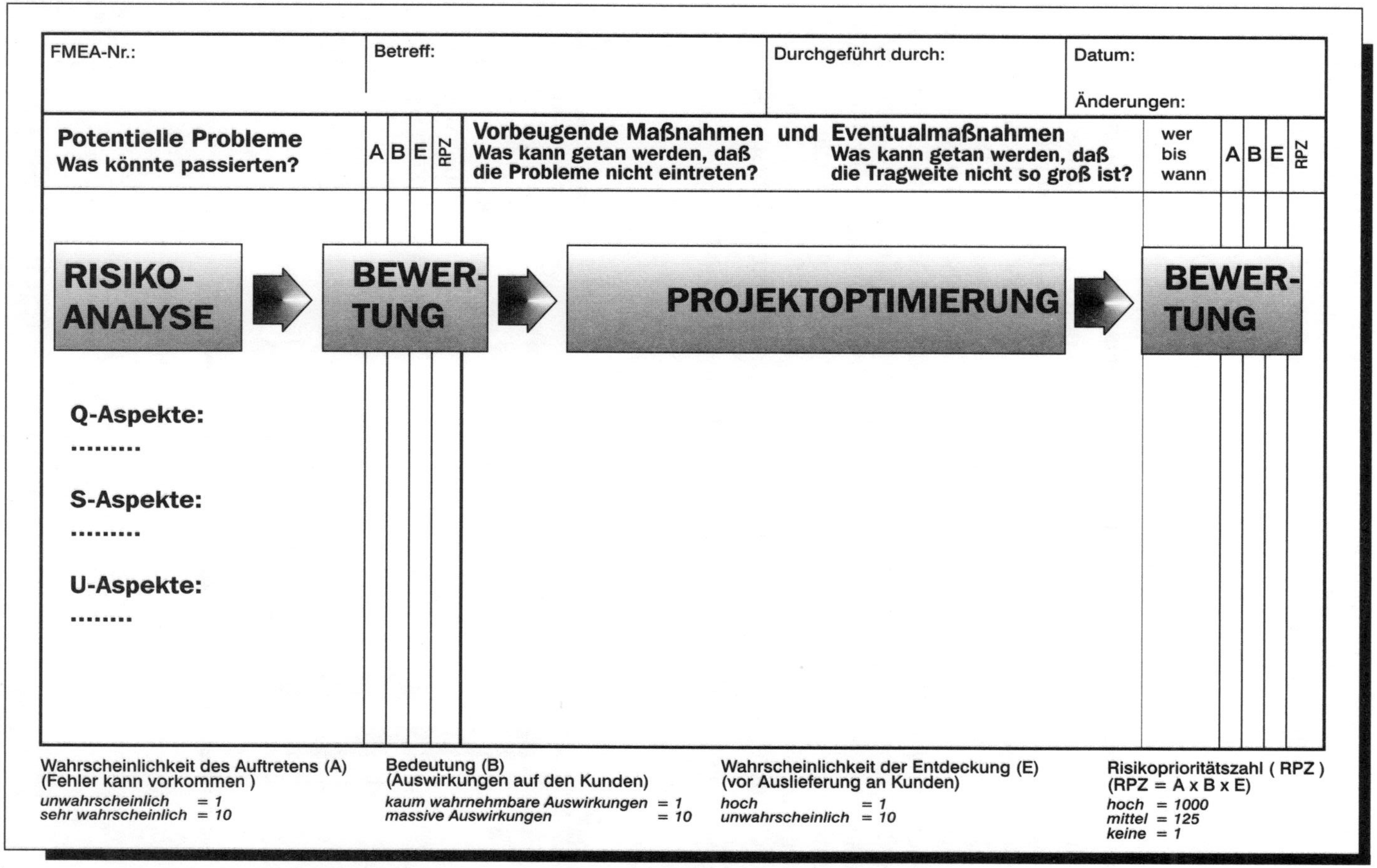

Werkzeuge zur kombinierten Anwendung

Abb. 47: Formblatt für die Dokumentation einer Projekt-FMEA

Werkzeuge zur kombinierten Anwendung

Technik wäre, um die „Evaluierung" – Ermittlung und Beurteilung der Gefahren und Festlegung von Maßnahmen nach ASCHG § 4 und Ermittlung und Beurteilung von Arbeitsstoffen (ASCHG § 41) – effizient und wirksam erfüllen zu können. Außerdem hat sich die Projekt-FMEA als eine wirksame und vor allem effiziente Methode erwiesen, um eine Störfallanalyse entsprechend GewO § 82 a und der Störfallverordnung (BGBl. Nr. 533/1991) durchzuführen.

Praxisbeispiel: Entsorgungsbetrieb mit chemischer Aufbereitung

Entsorgungsbetriebe sind bei ihrer Tätigkeit durch die bestehende Gesetzeslage vor allem aus dem Umweltbereich betroffen. Das Grundprinzip hinter dieser Gesetzeslage folgt den Prioritäten „Vermeiden vor Aufbereiten, Aufbereiten vor Verbrennen und Verbrennen vor Deponieren". Dementsprechend bieten kompetente und seriöse Entsorgungsbetriebe vor allem die Aufbereitung an. Die Aufbereitung besteht jedoch aus chemischen Prozessen, die mancherlei Gefahren mit sich bringen und die beherrscht werden müssen. Als Technik für die Beurteilung der Gefahren und der Ableitung von Maßnahmen wurde die „Projekt-FMEA" erfolgreich eingesetzt. Das Expertenteam setzt sich in derartigen Fällen aus folgenden Personen zusammen: Chefchemiker, Anlagenbetreuer, Betriebsleiter und Sicherheitsfachkraft.

Die Projekt-FMEA hat folgende Hauptrisiken ergeben:

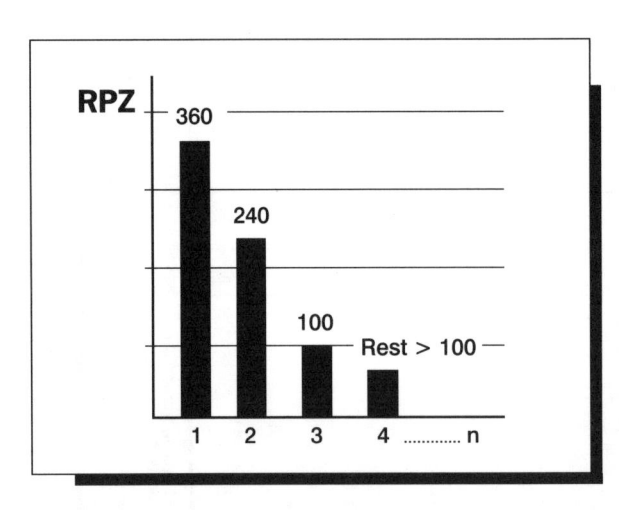

#	
1	Überschäumen in die Reaktionstanks
2	Verstopfen der Abläufe aus den Reaktionstanks
3	Platzen von Fässern
4 bis n	Restrisiken

Abb. 48: Risikobewertung bei einer chemischen Aufbereitung

Werkzeuge zur kombinierten Anwendung

Als Maßnahmen wurden gesetzt:

Es wurde eine kontrollierte Dosierung mit einer Reaktionsüberwachung eingeführt. Des weiteren wurden die entsprechenden Arbeitsanweisungen ergänzt mit der Tätigkeit „regelmäßig Leitung spülen". Außerdem wurde die Lagerhaltung angepaßt und das regelmäßige Entlüften der Fässer in bestehende Vorschriften integriert.

Ähnliche Verfahren zur Ermittlung von Risiken sind bereits seit einiger Zeit in Anwendung. Versicherungen z. B. ermitteln das Risiko für einen Stör- bzw. Unfall im Unternehmen mit Hilfe der **„Zürich-Gefahrenanalyse"** und setzen auf der Basis des Ergebnisses die Prämienbemessung der Versicherung fest. Im Lebensmittelbereich ist ebenfalls eine ähnliche Methode mit der Bezeichnung HACCP (Hazard Analysis and Critical Control Point System) in Anwendung mit der Zielrichtung, kritische Punkte im Herstellprozeß herauszufinden und durch geeignete Maßnahmen vor allem für das Produkt, aber auch für den Herstellprozeß absolute Sicherheit zu schaffen.

Werkzeuge zur kombinierten Anwendung

5.7 Interne Audits

Alle drei Bereiche fordern die systematische Überwachung des installierten Systems durch geeignete Instrumente. Im Q- und U-System ist definitiv das interne und externe Audit dafür vorgesehen. Im S-System kann die „gemeinsame Begehung durch SFK und AM" sowie „gemeinsame Besichtigung" der Auditsystematik zugeordnet werden.

Die Durchführungsbestimmungen für Audits sind in der ISO 10011 Teil 1 bis 3 festgelegt und können problemlos auch für den U- und S-Bereich adaptiert und angewendet werden. Diese Norm definiert das Audit als eine „… systematische und unabhängige Untersuchung, um festzustellen, ob die qualitätsbezogenen (sicherheitstechnischen und umweltrelevanten) Tätigkeiten und die damit zusammenhängenden Ergebnisse den geplanten Anforderungen entsprechen und ob diese Anordnungen wirkungsvoll verwirklicht und geeignet sind, die Ziele zu erreichen". In dieser Definition müssen die qualitätsbezogenen Tätigkeiten mit sicherheitstechnisch- und umweltrelevanten Belangen ergänzt werden.

Die Durchführung von Audits läuft prinzipiell in drei Stufen ab:

– Auditvorbereitung

– Auditdurchführung

– nach dem Audit.

Auditvorbereitungen

Auditplan (Abb. 49)

Das Audit vor Ort ist systematisch zu planen. Dies soll sicherstellen:

a) daß alle Qualitäts-, Sicherheits- und Umweltaspekte in einem regelmäßigen Turnus überprüft werden,

b) daß alle betroffenen Abteilungen systematisch erfaßt werden,

c) daß alle benötigten Personen zum geplanten Zeitpunkt verfügbar sind,

d) daß entsprechend qualifizierte Auditoren zweckmäßig eingeteilt werden.

Der Detailplan (Auditprogramm) wird in Übereinstimmung mit den betroffenen Abteilungen erstellt und enthält die überprüften QSU-Elemente, den Termin und die Auditoren. Das Auditprogramm ermöglicht es sowohl dem Auditor als auch der auditierten Stelle, sich entsprechend vorzubereiten.

Werkzeuge zur kombinierten Anwendung

Auditplan Jahr: Erstellt:
Auditoren: Freigabe: Datum:
Wirnsperger (WI/Q,S), Pichler (PI/S), Pölzl (PÖ/Q, U)

Abteilung	Produktion	Montage	Beschaffung	usw.	...
Termin KW Plan	15	21	40	usw.	...
IST				usw.	
Q Managementaufgaben Q-System Vertragsprüfung Designlenkung Dokumentenlenkung Beschaffung usw.	WI, PI		WI, PÖ WI, PÖ		
S Allgemeine Bestimmungen Arbeitsstätten und Baustellen Arbeitsmittel Arbeitsstoffe usw.	WI, PI WI, PI WI, PI	PI, PÖ PI, PÖ PI, PÖ	WI WI, PÖ		
U Umweltpolitik Umweltinformationen Verantwortungen Vorbeugungsmaßnahmen usw.		PI, PÖ PI, PÖ PI, PÖ			

Abb. 49: Beispiel „Auditplan", Auszug

Werkzeuge zur kombinierten Anwendung

Der Auditplan bzw. das Auditprogramm müssen mindestens 5 Punkte regeln:

- Auditinhalte
- Bereiche Q, S, U
- Organisationseinheit/Auditpartner
- Termin
- Auditor/Auditoren.

Beispiel für einen QSU-Auditplan siehe Abb. 49.

Checklisten/Fragelisten

Ein wesentlicher Bestandteil der Auditvorbereitung ist die Erstellung von Checklisten. Sie dienen vor allem der Nachvollziehbarkeit und zur Reproduzierbarkeit von Auditergebnissen. Günstig ist die Erstellung einer Checkliste mit allgemeinen Fragen, die immer zur Anwendung kommen, und speziellen Fragen, die speziell für das bevorstehende Audit zusammengestellt werden.

Die Fragen werden aus den Forderungen der ISO 9000 ff., dem ASCHG und der EMAS-Verordnung (ISO 14000 ff.) und aus den firmenspezifischen Vorgabedokumenten abgeleitet. Der Auditdefinition entsprechend sollen die Fragen gleichgewichtig die drei wesentlichen Definitionsbereiche umfassen:

- **Tätigkeiten sollen den geplanten Festlegungen entsprechen**

    Bsp.: Sind die Arbeitsplatzbedingungen festgelegt?

- **Anordnungen sollen wirkungsvoll praktiziert werden**

    Bsp.: Erfolgt die Durchführung der Tätigkeiten entsprechend den Festlegungen?

- **Eignung zur Zielerreichung (Zweckmäßigkeit)**

    Bsp.: Sind die festgelegten Kriterien ausreichend, um die Qualitätspolitik, das Sicherheitskonzept und die Umweltanforderungen erreichen zu können?

Auditorenqualifikation

Außer den fachlichen Qualifikationen, die natürlich von der Art des Audits und dem zu auditierenden Bereich abhängen, müssen die Auditoren über besondere menschliche Fähigkeiten verfügen, um Konfliktsituationen, die in der Natur eines Audits liegen, meistern zu können. Es ist auch notwendig, die Auditoren laufend zu schulen und ihnen ihre Verantwortung immer wieder bewußt zu machen.

Werkzeuge zur kombinierten Anwendung

In der ISO 10011-2 sind die Auditorenqualifikationen geregelt. Als persönliche Eigenschaften sind beispielsweise Aufgeschlossenheit, gesundes Urteilsvermögen, analytische Fähigkeiten, Beharrlichkeit aufgeführt oder die Fähigkeit, Situationen realistisch erfassen zu können.

Der Auditor sollte aufgrund dieser Eigenschaften in der Lage sein,
- auf der Basis von Tatsachen Nachweise zu führen und gerecht zu bewerten;
- dem Auditzweck treu zu bleiben ohne Bedenken und ohne jede Begünstigung;
- persönliche Interaktionen während des Audits ständig zu bewerten;
- die Mitarbeiter der auditierten Organisation in der geeigneten Weise zu behandeln;
- mit Einfühlungsvermögen zu reagieren;
- auf die Gepflogenheiten des Landes und der Organisation zu reagieren;
- den Auditprozeß ohne Ablenkungen durchzuführen;
- in Streßsituationen effektiv zu reagieren;
- allgemein akzeptable Schlußfolgerungen zu ziehen;
- einer Schlußfolgerung unter Druck treu zu bleiben, wenn nicht gegenteilige Nachweise vorgelegt werden.

Fachliche Eigenschaften

Die fachliche Qualifikation bedarf einer zusätzlichen Präzisierung, um die drei Fachbereiche aus dem QSU-System abdecken zu können. Als Qualifikationen bieten sich an:

Q-Bereich:	z. B. Ausbildung zum Q-Manager oder Q-Auditor
S-Bereich:	z. B. Sicherheitsfachkraft nach BGBl. Nr. 277/95
U-Bereich:	z. B. Umweltauditorenausbildung

Auditdurchführung

Eröffnungsgespräch

Im Eröffnungsgespräch werden die beteiligten Personen mit Sinn und Zweck des Audits, den normativen und rechtlichen Grundlagen sowie mit den Spielregeln vertraut gemacht. Ein nicht unwesentlicher Punkt ist die Auflockerung der Atmosphäre zur Schaffung eines offenen Gesprächsklimas. Das Eröffnungsgespräch könnte z. B. in Begrüßung, Zweck des Audits, Vor-

Werkzeuge zur kombinierten Anwendung

stellungen, Spielregeln, Auditergebnisse, Folgerungen und Maßnahmen sowie Hinweis auf das Schlußgespräch gegliedert sein.

Fragetechnik vor Ort

Die Befragung vor Ort wird mittels einer vorbereiteten Checkliste durchgeführt, wobei diese eine Richtschnur darstellt und für die Dokumentation und Bewertung dienen kann. Sollte sich die Notwendigkeit ergeben, mehr in die Tiefe zu gehen oder aus menschlichen Gründen anders zu formulieren, so bleibt dies dem Auditor überlassen. Er muß das Gefühl für Notwendigkeit und Zweckmäßigkeit entwickeln und sich dementsprechend verhalten. Wichtig ist, daß vorwiegend mit offenen Fragestellungen und nicht mit „ja/nein-Fragen" agiert wird, um dem Auditpartner die Gelegenheit zu geben, vollständige Antworten zu geben und um ein offenes Gespräch zu fördern.

Sammeln von Fakten

Auf klare Fragen sollten klare Antworten folgen. Diese müssen aber überprüfbar und nachweisbar sein, z. B.:

Bereich Qualität:
Design Review's
Unterschriftenregelungen
Lagerverzeichnisse
Kennzeichnung gesperrter Teile
Kalibriernachweise von Meßgeräten

Bereich Sicherheit:
Unterweisungen
Meßergebnisse
Maßnahmen
Aufzeichnungen Unfälle
Beinaheunfälle

Bereich Umwelt:
Stoff- und Energiebilanzen
Meßergebnisse
Bescheidübersicht
Notfallplanung

Abweichungen/Maßnahmen

Sollten Abweichungen festgestellt werden, so sind diese sofort vor Ort vom Auditor zu formulieren und gleichzeitig zu überprüfen, ob sie auch verstanden wurden. Es sollte zu diesem Zeitpunkt bereits versucht werden, auch die Verbesserungsmaßnahmen zu formulieren. Für die Dokumentation der Abweichungen haben sich zwei Arten von Formblättern etabliert.

Werkzeuge zur kombinierten Anwendung

Die Abweichungen können prinzipiell in drei Kategorien eingeteilt werden:

		Beispiele
Hinweise (kein Risiko, Maßnahmen sind zu empfehlen)	Q, S, U	Die Bezeichnungen in der Abteilungsorganisation wurden nicht an die geänderte Firmenorganisation angepaßt.
Papierabweichungen (Sofortmaßnahmen sinnvoll)	Q	Es existiert kein gültiger Schulungsplan für die Mitarbeiter der Qualitätssicherung.
	S	Es werden spezielle Schulungen zum Thema Sicherheit am Arbeitsplatz durchgeführt. Es existieren keine diesbezüglichen Regelungen.
	U	Die Bescheidübersicht oder die Liste der umweltrelevanten Gesetze ist nicht auf aktuellem Stand.
Praxisabweichungen (Sofortmaßnahmen erforderlich)	Q	Gesperrte Materialien werden nicht entsprechend Festlegungen in Q-Richtlinie 13001 gekennzeichnet (Sperraufkleber).
	S	Am Arbeitsplatz, Kostenstelle 4711, ist nicht sichergestellt, daß die MAK-Werte eingehalten werden.
	U	Das neue Umweltinformationsgesetz wird nicht praktiziert.

Zu jeder Abweichung werden geeignete Maßnahmen festgelegt mit der Zuständigkeit für die Erledigung und einem Termin. Für die Dokumentation und Verfolgung der Maßnahmen kann folgendes Formblatt verwendet werden:

Liste der Abweichungen				
Audit-Nr.: Datum:				
Nr.:	Abweichung	Maßnahme	Zuständig/Termin	Erledigung

Abb. 43: Formblatt „Liste der Abweichungen"

Werkzeuge zur kombinierten Anwendung

Schlußgespräch

Das Ergebnis des Audits wird im Schlußgespräch bekanntgegeben, welches unmittelbar an die Auditdurchführung anschließt. Im Schlußgespräch wird auch die weitere Vorgangsweise mit den Maßnahmen besprochen und festgelegt. Spätestens beim Schlußgespräch sollten alle Meinungsverschiedenheiten ausdiskutiert und bereinigt sein.

Nach dem Audit

Auditbericht

Aufgrund von Auswertung und Schlußgespräch wird vom Auditleiter in Abstimmung mit den Auditoren bzw. vom Soloauditor der Auditbericht verfaßt. Die Gestaltung des Berichtes sollte dem Berichtswesen des Unternehmens angepaßt sein.

Für Einzelaudits im internen Auditwesen empfiehlt sich eine unbürokratische Darstellung. Der Bericht besteht in diesem Fall aus der Summe der „Maßnahmenprotokolle" und einem Deckblatt. Am Deckblatt sind zumindest folgende Punkte enthalten:

Audit-Nummer

Datum des Audits

Auditierte Stelle / Teilnehmer

Überprüfte QSU-Elemente

Auditor

Grundlagen des Audits

Auditergebnis Anzahl der Abweichungen

Verteiler

Unterschrift

Je nach Umfang und Art des Audits kann ergänzt werden mit dem Auditprogramm, dem Gesamteindruck, Hinweisen und Bemerkungen, Erfüllungsgrade einzelner Elemente, der ausgefüllten Checkliste usw.

Der Verteiler des Berichtes sollte wohlüberlegt festgelegt werden. Es gibt keinen Grund, Abweichungen breit im Unternehmen zu verteilen. Ein typischer Standardverteiler wäre: Auditpartner, Auditor und Auditleiter. Da die Auditergebnisse auch bei der Q-Systembewertung berücksichtigt werden müssen, ist auch die Geschäftsführung in geeigneter Form zu informieren. Im U- und S-Bereich existieren keine diesbezüglichen Forderungen. Es würde

Werkzeuge zur kombinierten Anwendung

sich jedoch anbieten, die Geschäftsführung über den Stand der Sicherheits- und Umwelttechnik ebenfalls auf diesem Wege zu informieren.

Die Überwachung, ob die festgelegten Maßnahmen rechtzeitig erledigt werden, erfolgt im Regelfall durch den Auditor oder eine andere festgelegte Person. Die Verifizierung kann durch ein Nachaudit oder durch eine andere geeignete Methode erfolgen und ist nachweislich durchzuführen.

Werkzeuge zur kombinierten Anwendung

5.8 Lieferantenbeurteilung

In gewissen Branchen beträgt der Zukaufsanteil bis zu 70 % des gesamten Umsatzes. Die Qualität der zugelieferten Produkte schlägt dabei des öfteren voll bis zum Endkonsumenten durch. Deshalb ist es in der Qualitätslehre üblich geworden, die Lieferanten sorgfältig entsprechend ihrer „Qualitätsfähigkeit" auszuwählen. Das Werkzeug dazu ist die Lieferantenbeurteilung, die im Regelfall checklistenunterstützt durchgeführt wird. Im QSU-System ist es nun nicht mehr möglich, allein nur nach Qualitätskriterien zu beurteilen. In die Checkliste sind nun zusätzlich auch die Aspekte der Arbeitssicherheit und der Umwelt zu integrieren.

		Qualität ja/nein	Umwelt ja/nein	Bemerkungen
4.1	**Verantwortung der Unternehmensleitung**			
1-1	Bekanntmachung Politik durch oberste Leitung	/	/	
1-2	Aufbauorganisation	/	/	
1-3	Verantwortungen, Befugnisse	/	/	
1-4	Beauftragter der obersten Leitung	/	/	
1-5	Bewertung des Systems durch die oberste Leitung	/	/	
1-6	Weiterentwicklung	/	/	
4.2	**Managementsystem**			
2-1	Beschreibung des Systems in einem Handbuch	/	/	
2-2	Gliederung des Handbuches gemäß Normenmodell	/		
2-3	Qualitätsplanung	/		
4.3	**Vertragsüberprüfung**			
3-1	Auftragsablauf (Angebots- und Bestellphase)	/		
3-2	Erwartete Leistungen angemessen dokumentieren (Leistungsumfang, qualitätsrelevante Merkmale, Umweltschutz)	/	/	
3-3	Art der Vertragsüberprüfung	/		
3-4	Machbarkeitsabklärung	/		
3-5	Festlegung der Herstell- und Prüfverfahren	/		
3-6	Änderungswesen	/		
4.4	**Designlenkung (nur ISO 9001)**			
4-1	Designablauf	/		
4-2	Design-/Entwicklungspläne	/	/	
4-3	Definition technischer Schnittstellen	/	/	
4-4	Dokumentierter Informationsaustausch	/		
4-5	Projektübersicht bei laufenden Projekten (à jour halten)	/		

Werkzeuge zur kombinierten Anwendung

		Qualität ja/nein	Umwelt ja/nein	Bemerkungen
4-6	Festlegung gestellter Anforderungen (Pflichtenheft)	/	/	
4-7	Design-Review	/		
4-8	Design-Verifizierung	/		
4-9	Design-Validierung	/		
4-10	Qualifikationsüberprüfungen	/		
4-11	Prüfung der Dokumente	/		
4-12	Entsorgung	/	/	
4.5	**Lenkung der Dokumente und Daten**			
5-1	Erfassung aller Dokumente zur Beschreibung und Anwendung des Systems	/	/	
5-2	Systemdokumente (statisch)	/	/	
5-3	Auftragsdokumente (dynamische)	/	/	
5-4	Erstellung, Prüfung, Freigabe, Verteilung, Ablage	/	/	
5-5	Änderungswesen	/	/	
	usw.			

Abb. 51: Auszug aus einer Checkliste für die Lieferantenbeurteilungen unter Berücksichtigung von Qualitäts- und Umweltaspekten

6. Praxisbeispiele

Dieses Kapitel enthält Praxisbeispiele, die aus dem definitiven betrieblichen Geschehen herausgegriffen sind. In diesen Fällen war es den Unternehmen oftmals nicht bewußt, daß sie alle drei Bereiche (ISO 9000 ff., ASCHG und EMAS) bereits erfüllen. Dieses Kapitel zeigt somit Realitäten aus der Praxis auf, wo die Anforderungen aus Gesetzen und Normen ohnehin bereits erfüllt sind und keine zusätzlichen Aktivitäten erforderlich sind.

- Unterweisung von Schweißarbeitern
- Unterweisung „Neue Mitarbeiter"
- Neuer Arbeitsplatz
- Prüfanweisungen
- Entwicklungsplanung
- Qualitätsplanung
- Verantwortlichkeiten
- Organisationsformen im QSU-System
- Verlustkostenabschätzungen
- Quantifizierte Zielsetzungen

6.1 Unterweisung von Schweißarbeitern

Das ASCHG fordert in den §§ 14, 62, 63, 74 die Unterweisung von ArbeitnehmerInnen, die gefahrenexponiert sind und Gefahren auslösen können.

Der Schweißer in einem Schweißbetrieb oder auch als Leiharbeiter auf einer Baustelle ist intensiv davon betroffen, da er einerseits selbst verschiedenen Gefahren ausgesetzt ist, andererseits jedoch auch Katastrophen herbeiführen kann. Das jüngste Beispiel ist der Flughafenbrand in Düsseldorf im Jahre 1995, wo durch Funkenflug bei Schweißarbeiten ein Großbrand ausgelöst wurde. Der Schweißer selbst stellt diesbezüglich eine besondere Verantwortungsposition dar, da er als qualifizierter Facharbeiter seinen Arbeitsplatz ordnungsgemäß einrichten muß. Nimmt er diese Verantwortung nicht wahr, kann er nach österreichischem Gesetz wegen „Herbeiführung einer Feuersbrunst" (§ 170 des Strafgesetzbuches) zur Haftung herangezogen werden. Andererseits ist auch der Auftraggeber entsprechend ASCHG verpflichtet, auf die besonderen Gefahren an spezifischen Arbeitsplätzen hinzuweisen. Diese Unterweisung ist nachweisbar zu gestalten.

Die Grundlage für Schweißerqualifikationen nach europäischen Richtlinien stellt die EN 287 dar. Diese regelt vor allem die handwerkliche Fertigkeit der Schweißnahtausführung. Eine fachtheoretische Ausbildung mit den schweißtechnischen Anforderungen ist nicht vorgesehen. Im österreichischen Vorwort zu dieser Norm wird jedoch auch die sicherheitstechnische Unterweisung gefordert. Die in Österreich akkreditierten Zertifizierungsstellen nach EN 45013/EN 287 für Schweißpersonal sorgen dafür, daß diese Unterweisung im Rahmen der Ausbildung und Qualifikation sichergestellt wird. Damit entfällt die Notwendigkeit, eine Unterweisung für allgemeine Gefahren durch schweißtechnische Tätigkeiten durchzuführen, da dies durch ein österreichisches Schweißerzertifikat sichergestellt ist. Der Arbeitgeber ist somit nur noch verpflichtet, auf die spezifischen Gefahren am jeweiligen Arbeitsplatz hinzuweisen (z. B. chemische Industrie, spezielle Explosionsgefahren, brennbare Stoffe etc.).

Schweißerqualifikationen, die nicht von österreichischen akkreditierten Zertifizierungsstellen ausgestellt sind, stellen diese fachtheoretische Ausbildung und Prüfung in bezug auf Sicherheitstechnik nicht sicher. Damit verbleibt diese Verpflichtung beim jeweiligen Arbeitgeber oder Auftraggeber. Dies stellt ein besonderes Problem dar, wenn in einem Unternehmen Schweißarbeiten durch Leihpersonal oder eine Fremdfirma durchgeführt werden.

Mit diesem Beispiel soll gezeigt werden, daß in der Praxis eine ganze Reihe von bereits realisierten Aktivitäten existieren, die die Forderungen in den einzelnen Bereichen, in diesem Falle im Q- und S-Bereich, voll oder weitestgehend abdecken können.

Praxisbeispiele

6.2 Unterweisung „Neue Mitarbeiter"

Die Unterweisung bzw. Schulung wird in allen drei Bereichen gefordert. Die Umsetzung bei der Einstellung eines neuen Mitarbeiters kann als Ablauf geplant, dargestellt und im Unternehmen eingeführt werden. Unterstützt wird der Ablauf durch eine Checkliste, die auch verwendet wird, um die Entscheidung auf Weiterverbleib bei Ablauf der Probezeit herbeizuführen. Für die Grundlageneinschulung liegen im Q-, S- und U-Bereich fertig vorbereitete Schulungsunterlagen vor.

Beispiel für eine Richtlinie siehe Abb. 52 auf Seite 125.

Beispiel für eine Checkliste siehe Abb. 53 auf Seite 126.

Die Inhalte für die Grundlagenschulung können sein:

Q-System
- Firmenleitbild, Qualitätspolitik
- das firmenspezifische Q-System
- Verantwortungen und Befugnisse
- Dokumente, Anweisungen, Aufzeichnungen
- Q-System im speziellen Aufgabenbereich
- Regelwerke

S-System
- Gesetze
- das firmenspezifische Sicherheitskonzept
- die Verantwortlichen und Beauftragten
- Brandschutz
- Notfallplanung
- allgemeine Gefahren im Unternehmen
- spezielle Gefahren am Arbeitsplatz
- Piktogramme

U-System
- Umweltpolitik
- Umweltmanagementsystem
- Umweltprogramm
- Umweltschutz im speziellen Aufgabenbereich

Praxisbeispiele

Index: a	**Richtlinie**
Datum: 01.10.95	XXXXX
Seite: 1 von 1	
Erstellt: Mayr	
Freigabe:	

Richtlinie: Einstellung eines neuen Mitarbeiters

Ziel: Optimale Einführung neueingestellter Mitarbeiter in deren Aufgabengebiet sowie in das Unternehmen unter Berücksichtigung der Qualitäts-, Sicherheits- und Umweltaspekte

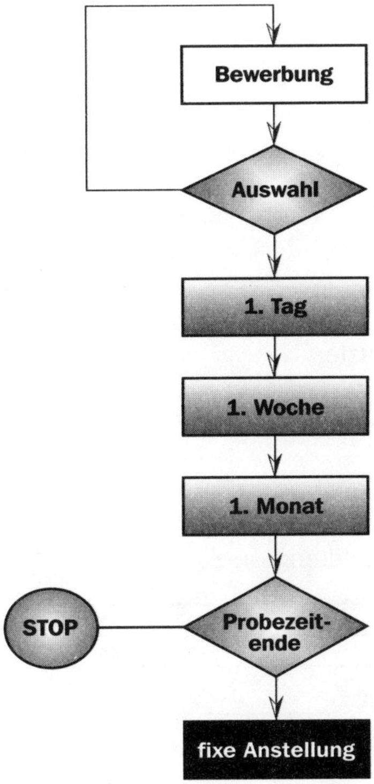

Ablaufschritt	Abteilungsleiter	Personalwesen	Bezugsperson	Q-Leiter	Sicherheitsfachleute	Umweltbeauftragte	
Bewerbung		D					
Auswahl	E	M	-	-	-	-	Anforderungsprofil, Entscheidungsanalyse
1. Tag	-	-	D	-	M	-	Checkliste
1. Woche	-	-	D	-	M	-	Checkliste
1. Monat	-	-	D	-	M	-	Checkliste
Probezeitende	E	D	-	-	-	-	Checkliste
fixe Anstellung	D	I	-	I	I	I	Dienstvertrag

Legende: E ... Entscheidung, D ... Durchführung, M ... Mitsprache, I ... Information

Anlage: Checkliste
mitgeltende Unterlagen: Angestelltengesetz BGBl. Nr. 292/1921, BGBl. Nr. 833/1992

Abb. 52: Ablauf für die Einstellung eines neuen Mitarbeiters

Praxisbeispiele

Anlage zur Richtlinie xxx

Checkliste und Beurteilung

Abt.-Ltr.	Abt.	Datum
Name	P.-Nr.	Abt.
Besch. Abt.	Eintritt	Termin

Vorbereitung vor Einstellungstermin
- ❏ Arbeitsplatz vorbereiten
- ❏ genaues Aufgabengebiet bzw. erste Aufgaben festlegen
- ❏ Paten bestimmen und motivieren
- ❏ Abteilung über Neueinstellung informieren
- ❏ Terminplan für ersten Arbeitstag erstellen

1. Tag
- ❏ Begrüßungsgespräch
- ❏ Erteilung allgemeiner Infos
- ❏ Vorstellungsrunde (Paten, Kollegen)
- ❏ eventuell Betriebsrundgang
- ❏ Arbeitsplatz zeigen
- ❏ dem Paten übergeben

1. Woche
- ❏ Anforderungsprofil/Abteilungsleiter
- ❏ Einarbeitsplan erstellen/Pate
- ❏ Training on the job/direkter Vorgesetzter
- ❏ Q-System/Q-Leiter
- ❏ Arbeitssicherheit/Sicherheitsfachkraft
- ❏ U-System/Umweltbeauftragter
- ❏ Feed-back-Gespräch

1. Monat/Beurteilung
- ❏ Grund: Ablauf Probemonat lt. Angestelltengesetz
- ❏ fachliches Können _____
- ❏ Leistung _____
- ❏ allgemeines Verhalten _____

   Hinweise für die Weiterverwendung: _____

Unterschrift des Vorgesetzten _____

Dienstvertrag _____

Abb. 53: Checkliste „Neue Mitarbeiter"

6.3 Neuer Arbeitsplatz

In der Serienproduktion ist es üblich, einen neuen oder veränderten Arbeitsplatz mit neuen Technologien, Einrichtungen, Werkzeugen und Vorrichtungen in Form eines Projektes sorgfältig zu planen und dann in die Praxis bis zur Serienfreigabe entsprechend Projektplan einzusetzen. Die Forderungen aus der ISO 9000 ff. ergeben sich aus dem Kapitel „Qualifizierung und Genehmigung von Herstellprozessen" und im ArbeitnehmerInnenschutzgesetz aus der „Arbeitsstättenbewilligung". Im Umweltbereich ist die Beur-

Firma	Vorrichtungs- und Arbeitsplatzfreigabe	Datum: Aussteller:

ARBEITSPLATZ	VERWENDUNG für:
Vorrichtung: ______	Auftrag: ______
Kostenstelle: ______	Teile-Nr.: ______
neu/Änderung: ______	veranlaßt durch: ______
Grund der Änderung:	

Freigabe

Zuständig	Abteilung	Freigabe ja	Freigabe nein	Datum	Unterschrift
☐	AVOR	☐	☐		
☐	Betriebsmittel	☐	☐		
☐	SFK	☐	☐		
☐	QS	☐	☐		
☐	Umwelt	☐	☐		
☐	....	☐	☐		

Stellungnahme/Maßnahme bei Ablehnung

Verteiler:

Abb. 54: Checkliste für die Freigabe eines neuen oder veränderten Arbeitsplatzes

Praxisbeispiele

Firma	ARBEITSANWEISUNG FP099315	Seite: 3 von: 3

Glasplatten-Siebdruck-Anlage

3.4 Wartungsarbeiten
Die Wartungsarbeiten sind vom Maschinenführer durchzuführen. Wöchentliches Abschmieren der Druckmaschine ist laut Wartungsplan (EDV) durchzuführen.

4. Sicherheitsvorschriften
Grundsätzlich gelten die gesetzlichen Bestimmungen.
Beim Betrieb der Anlage ist die „Sicherheitsbetriebsanweisung" für Glasplattensiebdruckanlagen einzuhalten.

5. Mitgeltende Unterlagen
- Prüfpläne 9872/9702 250
- Prozeßbeschreibung „Siebdruck" (Anlage)
- Sicherheitsbetriebsanweisung für Glasplattensiebdruckanlage (Anlage)

6. Änderungsdienst
Dieser wird von der FF in Zusammenarbeit mit dem zuständigen Meister durchgeführt.

Änderungen, die die Bedruckung der Teile betreffen, müssen vom TB vorgeschrieben werden und sind dem Vorarbeiter sofort weiterzuleiten. Der Vorarbeiter hat darauf zu achten, daß die Tabellenblätter an der Maschine immer auf dem neuesten Stand sind. In Zweifelsfällen im TB nach aktuellem Änderungsindex fragen.

7. Verteiler
FP, BL, QW, M9 (2×)

Erstellt:	Geprüft:	Normgeprüft:	Freigegeben am:
von M9	von FP	von OW	von BL
Unterschrift:	Unterschrift:	Unterschrift:	Unterschrift:

Abb. 55: Auszug aus einer Arbeitsanweisung mit dem Hinweis auf Sicherheitsanweisungen

teilung der Umweltauswirkungen vor der Einführung neuer Herstellprozesse notwendig.

Im Ablaufplan sind zwei Freigabeschritte enthalten. Der erste erfolgt noch in der Planungsphase, der zweite dann anläßlich eines Probebetriebes mit Erstmusterprüfung. Die Prüfung vor der Freigabe erfolgt checklistenunterstützt, bei der auch der Q-Leiter, die Sicherheitsfachkraft und der Umweltbeauftragte ihre Mitsprache dokumentieren müssen. Schon in der Planungsphase werden die Arbeitsvorschriften und Sicherheitsbetriebsanweisungen erstellt und im Probebetrieb bereits mitgetestet.

Praxisbeispiele

| Firma | Sicherheitsbetriebsanweisung für Glasplattensiebdruckanlage | 24. 06. 96 Blatt 1 von 1 |

1. Die Anlage darf nur von einer Person bedient werden (eigens eingewiesen).
2. Beim Öffnen der Schutztüren 1 und 2 schaltet die Steuerspannung aus. Die Maschine führt keine Bewegung mehr aus. Starten der Anlage kann nur über den Schlüsselschalter am Bedienpult erfolgen. Die Schutztüren müssen vor dem Starten geschlossen werden.
3. Beim Entfernen des Beschickungsförderbandes (Band 1) wird der Automatikbetrieb abgebrochen, und es können nur noch über Haupt- bzw. Einrichtbetrieb Bewegungen an der Maschine erfolgen. Ein neuerlicher Automatikanlauf erfordert eine Schließung des an Band 1 befindlichen Sicherheitsschalters und das Betätigen des „Automatik Start"-Tasters.
4. Sämtliche Störungs- und Betriebsmeldungen werden über das im Schaltpult befindliche OP 20 angezeigt.
5. Die in die Maschine eingebauten elektrischen und mechanischen Sicherungen wie Schutzgitter, Licht-Endschalter dürfen weder überbrückt noch außer Kraft gesetzt werden.
6. Zuständigkeit bei Störfallbehebung: bei einfachen Reparaturen der Maschinist, ansonsten die Instandhaltung.

   Achtung: Bei Störfallbehebung den Hauptschalter auf „AUS", Schlüssel für „Steuerung ein" am Schaltpult abziehen und gesondert verwahren. Vergewissern, ob keine Mitarbeiter gefährdet sind.
7. Grundsätzlich ist es untersagt, Betriebseinrichtungen der Anlage zu betätigen, deren Bedienung und Instandhaltung dem Mitarbeiter nicht obliegt.
8. Bei auftretenden Mängeln und Störungen der Maschine ist im Zweifelsfall immer entweder der Vorarbeiter oder Meister zu informieren.
9. Sollte bemerkt werden, daß Sicherheitseinrichtungen an der Maschine defekt oder außer Kraft gesetzt sind, ist dies sofort dem Vorgesetzten oder der SFK zu melden.
10. Die von der Firma zur Verfügung gestellten Schutzmittel wie Augenschutz, Sicherheitsschuhwerk sind zu benützen.
11. Hinweisschilder und -zeichen sind zu beachten, dürfen nicht der Sicht entzogen und nicht beschädigt oder entfernt werden.
12. Die Not-Aus-Taster sind nachweislich halbjährlich zu überprüfen.
13. Ein Fluchtweg in der Breite von 0,8 m zum Hauptverkehrsweg ist ständig freizuhalten.

Abb. 56: Beispiel einer Sicherheitsanweisung

6.4 Prüfanweisungen

Die dritte Hierarchieebene in der Systemdokumentation stellen die Anweisungen dar, die direkt vor Ort dem betroffenen Mitarbeiter an der Maschine sagen, was er bei seiner Tätigkeit zu berücksichtigen hat. Diese Anweisungen sind z. B. bekannt als Maschineneinstelldaten, als SOPs (Standing Operating Procedures im GMP- und GLP-Unternehmen) oder als Prüfanweisungen.

In der ZfP (zerstörungsfreie Prüfungen nach EN 473) ist es Stand der Technik, nach Prüfanweisungen zu arbeiten. Da z. B. beim Farbeindringverfahren auch die Sicherheit und die Umwelt betroffen sind, liegt es auf der Hand, diese beiden Bereiche in der Prüfanweisung zu berücksichtigen. In diesen Fällen ist es sogar recht einfach, da die Sicherheitsdatenblätter nach ÖNORM Z 1008 alle relevanten Informationen sowohl für den S- als auch für den U-Bereich beinhalten. Es ist nur noch wichtig, das jeweils neueste Datenblatt mit der Prüfanweisung zu koppeln, die entsprechenden Hinweise anzuführen und dem Prüfer zur Verfügung zu stellen (Abb. 57: Beispiel Prüfungszentrum VASL/SZA). Bei der Einschulung sind die Datenblätter ebenfalls zu berücksichtigen.

	PT-Prüfanweisung Nr. 103.17 Stufe 1	Nr.: Rev.-Nr. 01 Blatt: 2 von 4

1. **Geltungsbereich**
   Diese Prüfanweisung behandelt die technischen Bedingungen für die Farbeindringprüfung der Kehlnaht 103.17.

2. **Prüfvorschrift**
   DN 54142 Teil 1

3. **Personalqualifikation**
   ÖNORM EN 473, ÖNORM M 3061, ÖNORM M 3042, Teil 1 und 2. Qualifikationsstufe 1

4. **Prüfumfang**
   100 % der Schweißnaht +10 mm links und rechts der Schweißnaht

5. **Prüfzeitpunkt**
   nach der Fertigung

6. **Oberflächenvorbereitung**
   entzundert, schmutz- und fettfrei, frei von Schweißspritzern

7. **Prüfungsdurchführung**
   Prüfsystem: BMS nach ÖNORM prEN 571-1, Oberflächentemperatur min. 15–60 °C
   Reinigung: Schmutz und fettfrei (Lösungsmittel)
   Trocknung: an bewegter Luft vollständig trocknen
   Eindringmittel: ARDROX BIOPEN P6R, DIFFUTHERM BDR, MAGNAFLUX SKL-LÖ
   Eindringzeit: 10 min.
   Das Prüfsystem ist vor der Prüfung mittels Rundcheck-Testkörper zu überprüfen. Nur chemiegeprüfte Prüfmittel verwenden, Ablaufdatum berücksichtigen, Tages- oder Kunstlicht mind. 500 lx
   Oberflächenrauhigkeit max. 12,8 μ (N10)

7.1 **Gefahrenhinweise und Umweltschutz**
   Die bei der Prüfung verwendeten Stoffe gelten weder als giftig noch als mindergiftig.
   Handhabung: leicht entzündlich: (R11), Haut- und Augenkontakt vermeiden, für gute Be- und Entlüftung sorgen, nicht rauchen, kühl und trocken lagern
   Entsorgung: Abfallschlüssel für Eindringmittel   55370   und   54402
   Abfallschlüssel für Reiniger   55370
   Abfallschlüssel für Entwickler   55362

8. **Bewertung von Anzeigen-Annahmevorschrift**
   Alle länglichen und runden Anzeigen >5 mm sind zu protokollieren.

9. **Protokollierung**
   Auf PT-Protokoll der ARGE; alle Chargen-Nr. notieren

10. **Nachbehandlung**
    Werkstück mit Lappen, Wasser und Lösungsmittel reinigen

Datum: **21. 11. 96**	Erstellt: **Hartbaumer**	Geprüft: **Kainz**

Abb. 57: Prüfanweisung für das Eindringverfahren

6.5 Entwicklungsplanung

Die Entwicklung von Produkten ist in der ISO 9004 und ISO 9001 ein wichtiges Q-Element und dementsprechend ist der Entwicklungsablauf im firmenspezifischen Q-System entsprechend zu regeln. Seit der Revision 1994 der ISO 9000 ff. wurde als zusätzlicher Aspekt auch die Forderung nach der Entsorgbarkeit des Produktes mit aufgenommen. Dies war das erste Mal, daß die Q-Normung konkret auf Umweltbelange eingegangen ist. Die Sicherheit der Produkte war immer schon ein Thema und war durch Gesetze, Normen und normative Regelwerke immer schon Bestandteil der Entwicklung und wurde durch diverse Überwachungssysteme abgesichert (z. B. ÖVE-Registrierung, ON-geprüft, BS-Kennzeichnung in Deutschland etc.). In der Europäischen Union kommt nun auch noch die CE-Kennzeichnung für Produkte hinzu, die in EU-Richtlinien festgelegt sind. Auch die EMAS-Verordnung und ISO 14000 messen dem Produktentwicklungsprozeß entsprechende Bedeutung bei und fordern die Ermittlung der Umwelteinwirkungen, die von einem neuen Produkt ausgehen, bereits bei deren Entwicklung. Der Bereich der Entwicklung ist nun geradezu ein Paradebeispiel dafür, daß die QSU-Kriterien simultan und integriert betrachtet werden müssen.

In allgemeinster Form fordert die ISO 9000 ff. die Festlegung des Entwicklungsablaufes nach dem Schema Designvorgaben, Designplan, Designreview, Designverifizierung und Designvalidierung (siehe Abb. 58).

In diesem Ablauf sind nun alle Aspekte der Qualität, der Sicherheitsanforderungen und der Entsorgung an das Produkt zu berücksichtigen. Spätestens bei der Validierung ist auch die Fertigungstechnologie zu berücksichtigen, die ebenfalls wiederum nach den Qualitäts-, Sicherheits- und Umweltaspekten zu prüfen ist. Die sicherheitstechnische Überprüfung in diesem Fall stellt einen Teil der Evaluierung (= Bewertung der Gefahren am Arbeitsplatz nach ASCHG § 4) oder unter Umständen die Evaluierung selbst dar.

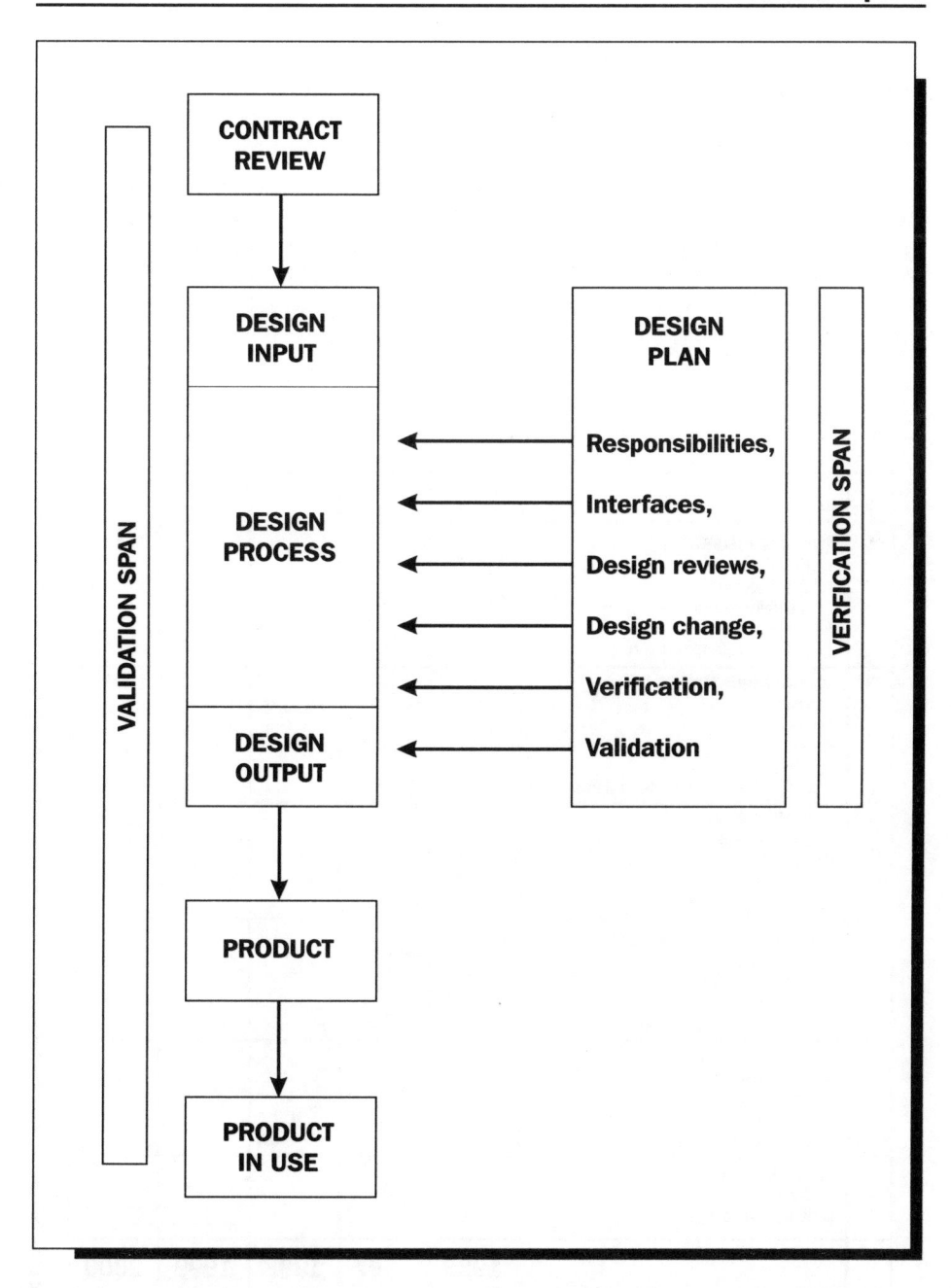

Abb. 58: Grundlegender Ablauf einer Entwicklung (Darstellung nach BSI)

Praxisbeispiele

Für ein konkretes Projekt, der Entwicklung eines besonders leichten Mountainbikes, könnte dies nun wie folgt aussehen:

Praxisbeispiel: Entwicklung eines besonders leichten Mountainbikes

Der Entwicklungsplan liegt zumindest für die nächstfolgenden Phasen bereits recht detailliert vor und beinhaltet unter anderem auch die Festlegung der Entwicklungsziele für das Produkt. Bei der Produktentwicklung erforderliche Entscheidungen können methodisch unterstützt durch eine Risikoanalyse (FMEA, Kapitel 5.6) oder eine Entscheidungsanalyse (EA, Kapitel 5.5) klar und nachvollziehbar getroffen werden.

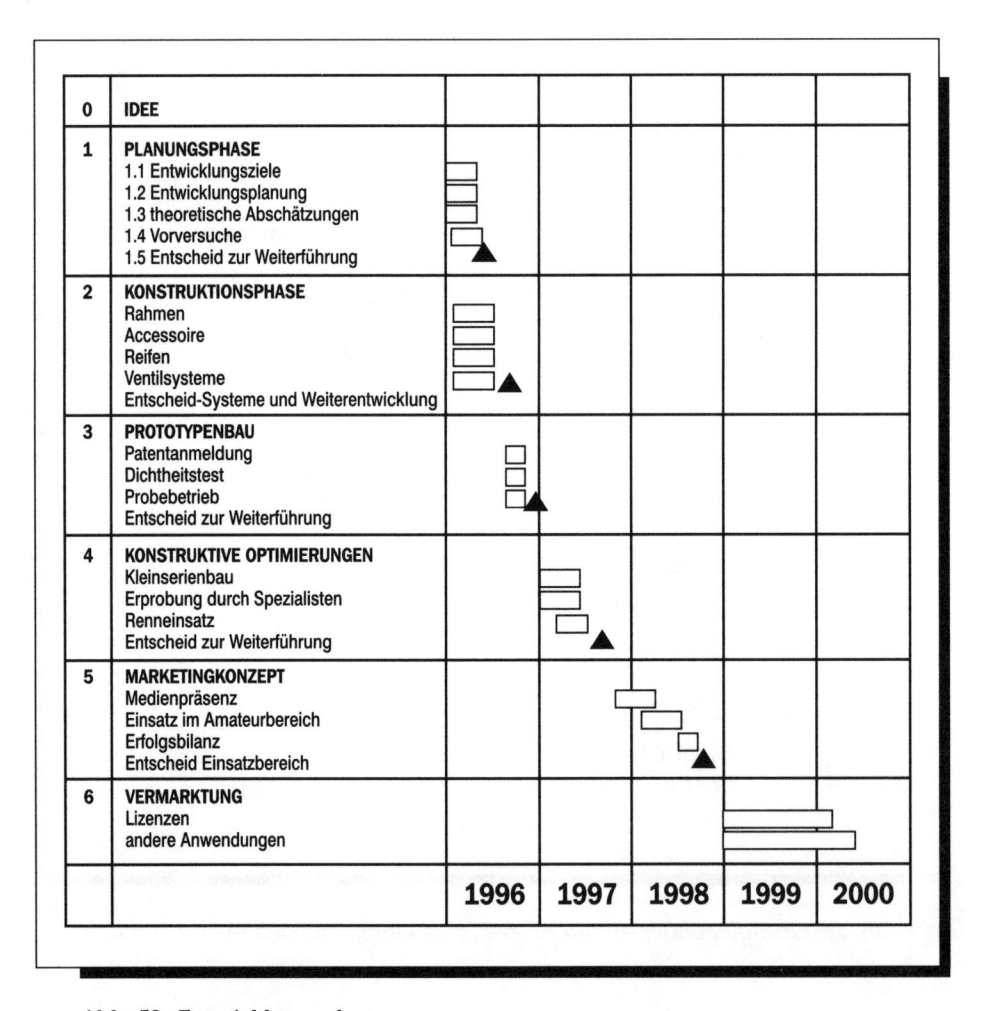

0	IDEE					
1	**PLANUNGSPHASE** 1.1 Entwicklungsziele 1.2 Entwicklungsplanung 1.3 theoretische Abschätzungen 1.4 Vorversuche 1.5 Entscheid zur Weiterführung					
2	**KONSTRUKTIONSPHASE** Rahmen Accessoire Reifen Ventilsysteme Entscheid-Systeme und Weiterentwicklung					
3	**PROTOTYPENBAU** Patentanmeldung Dichtheitstest Probebetrieb Entscheid zur Weiterführung					
4	**KONSTRUKTIVE OPTIMIERUNGEN** Kleinserienbau Erprobung durch Spezialisten Renneinsatz Entscheid zur Weiterführung					
5	**MARKETINGKONZEPT** Medienpräsenz Einsatz im Amateurbereich Erfolgsbilanz Entscheid Einsatzbereich					
6	**VERMARKTUNG** Lizenzen andere Anwendungen					
		1996	**1997**	**1998**	**1999**	**2000**

Abb. 59: Entwicklungsplanung

Praxisbeispiele

Die Entwicklungsziele ergeben sich neben wirtschaftlichen Überlegungen nun vor allem aus dem Qualitäts-, Sicherheits- und Umweltbereich. Für diesen speziellen Fall liegt es nun auf der Hand, daß das leichteste Gas überhaupt, der Wasserstoff, aus sicherheitstechnischen Gründen nicht zur Verfügung steht. Die Katastrophe des Zeppelin „Hindenburg" und damit verbunden die Einstellung dieser Technologie ist noch zu gut in Erinnerung.

1.1 Entwicklungsziele

- 2 kg leichter als der Stand der Technik
- Ersatz von möglichst viel Luftvolumen durch ein leichteres Molekül als Luft in Reifen, Rahmen, Accessoires
- Herstellung mit der derzeitigen Technologie, Herstellkosten nicht höher als bisher
- keine zusätzlichen Qualitätsrisiken
- Sicherheit und Zuverlässigkeit kein Verlust
- kein zusätzliches Produkthaftungsrisiko
- Gebrauchstauglichkeit identisch mit Stand der Technik
- Dichtheit soll sichergestellt sein

Rahmen, Accessoires	1 Jahr	einfaches Nachfüllsystem
Reifen	2 Tage	

- Entsorgung gleichwertig wie bisher
- Betriebskosten erschwinglich
- universelle Einsetzbarkeit in angrenzenden Bereichen

Abb. 60: Entwicklungsziele mit integrierten Qualitäts-, Sicherheits- und Umweltaspekten für das Beispiel Mountainbike

Praxisbeispiele

6.6 Qualitätsplanung

Qualitätspläne (ISO 9004-5) werden im Qualitätswesen eingesetzt, um die speziellen Anforderungen eines Produktes oder Projektes festzuhalten. Sie werden üblicherweise in der Vertragsverhandlungsphase – durchaus auch mit Einbindung des Kunden – erstellt und sollen dem Kunden zeigen, wie der Hersteller diese Anforderungen bewältigen will.

Inhalte und Darstellungsformen für Qualitätspläne können je nach Anwendungsfall sehr unterschiedlich gestaltet sein. In der Praxis sehr gut bewährt haben sich Qualitätspläne in Form von Balkendiagrammen, die einen Überblick über zeitliche Abfolge von Aktivitäten, Verantwortlichkeiten und auch wesentliche Regelwerke geben. Umwelt- und Sicherheitsaspekte (z. B. erforderliche Sicherheitsinspektionen, Abnahmen usw.) können ohne Probleme in bestehende Qualitätspläne integriert werden.

Bestehende Richtlinien wie z. B. das CE-Kennzeichen mit der Konformitätsbewertung und -erklärung sind entsprechend zu berücksichtigen. Dazu gehört auch der Sicherheitscheck im Zuge der Endprüfung.

Praxisbeispiel: Qualitätsplanung
- Herstellung von Blockheizkraftwerken

(Siehe Abb. 61.)

Praxisbeispiele

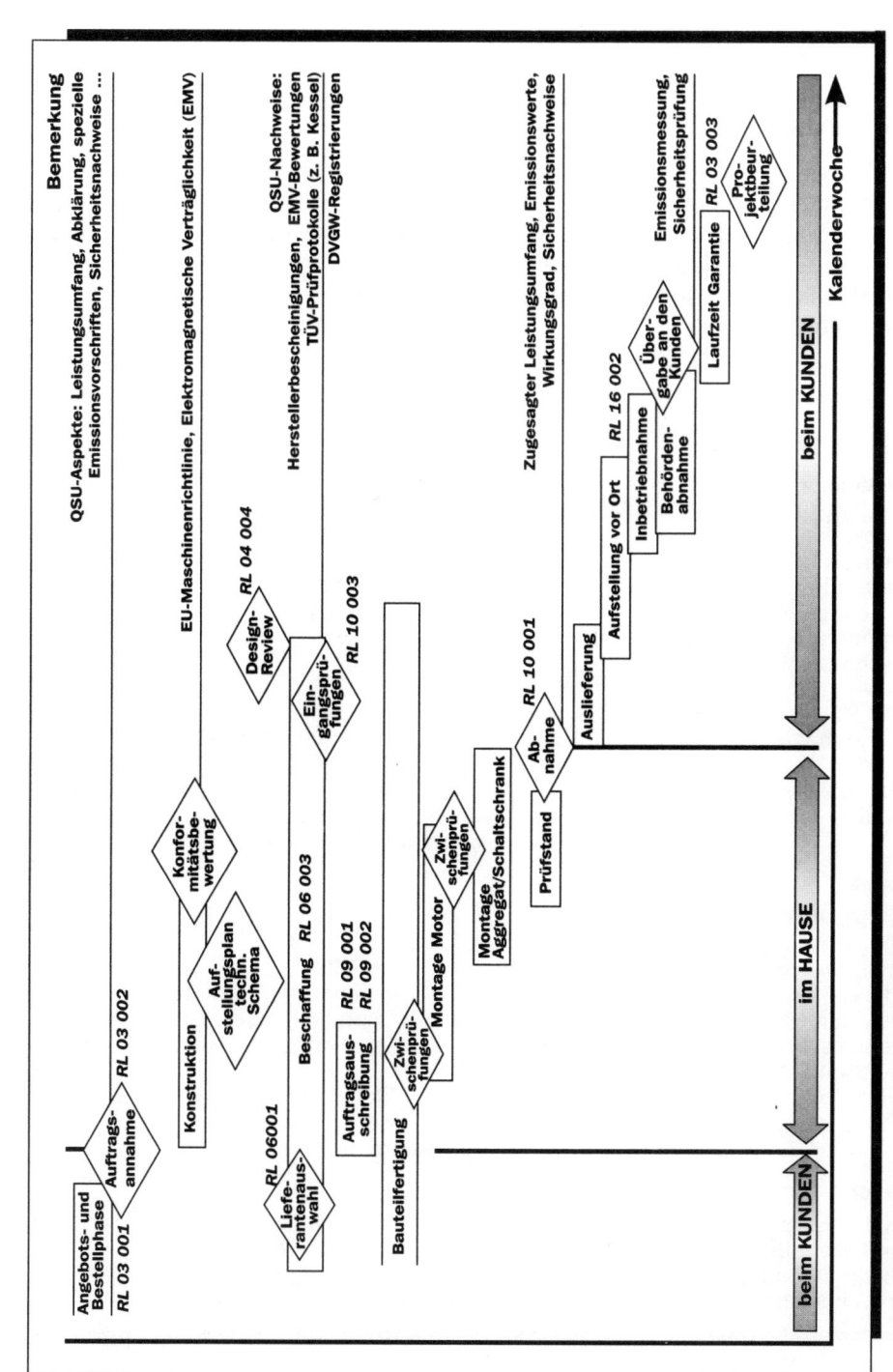

Abb. 61: QSU-Plan für Blockheizkraftwerke

Praxisbeispiele

6.7 Verantwortlichkeiten

Die Beauftragten

Die Gesetze und Normen verlangen die Einsetzung von bestimmten Personen mit festgelegten Verantwortungen, Rechten und Befugnissen. Oftmals ist es jedoch notwendig, die Aufgabe im speziellen Unternehmen weiter zu präzisieren. Typische Stellenbeschreibungen für den Q-Leiter, die Sicherheitsfachkraft und den Umweltbeauftragten sind beispielhaft in Abbildung 72 dargestellt.

Bezeichnung	rechtliche oder normative Grundlage	
allgemein		
● Vorstand, Aufsichtsrat	§ 1	AktG
● Geschäftsführer, Vorstand, Aufsichtsrat	§ 1	GmbHG
● Konzessionsträger	–	GewO
● Compliance Officer	§ 82	Börsengesetz
● interner Revisor	–	Bankengesetz
● Forstorgan	§ 104	Forstgesetz
● verantwortlicher Markscheider	§ 160	Berggesetz
● Anschlußbahnbeauftragter	–	
Q-Bereich		
● Q-Beauftragter der obersten Leitung	ISO 9001/ISO 9002/ISO 9003 Abs. 4.1	
● neutrale Werksachverständige	EN 10204 (DIN 50049, ÖNORM M 3000)	
● Schweißaufsichtsperson	EN 729 Teil 2, 3 und 4, ÖNORM M 7812	
● ZfP III	keine definierte Forderung, jedoch Stand der Technik	
S-Bereich		
● Sicherheitsfachkraft	§ 73	ASCHG
● Arbeitsmediziner	§ 79	ASCHG
● Sicherheitsvertrauensperson	§ 10	ASCHG
● Behindertenvertrauensperson	§ 22	Behinderteneinstellungsgesetz
● Beauftragte für den Giftverkehr	§ 31	Chemikaliengesetz
● Strahlenschutzbeauftragter	§ 7	Strahlenschutzgesetz
● Brandschutzbeauftragter		
● Elektrotechnik-Beauftragter	§ 8	Elektroschutzgesetz
● Sprengbefugter		Berggesetz
● Gefahrengutbeauftragter	in Vorbereitung	
U-Bereich		
● Abfallbeauftragter	§ 9	Abfallwirtschaftsgesetz
● Störfallbeauftragter	§ 6	Störfallverordnung
● Abwasserbeauftragter	§ 33	Wasserrechtsgesetz
● Umweltbeauftragter	keine definitive Forderung	

Abb. 62: Die Beauftragtenliste

Praxisbeispiele

Die Verantwortungsmatrix

Zur Festlegung der Verantwortlichen und der Schnittstellen im Unternehmen hat sich die Verantwortungsmatrix erfolgreich bewährt und hat die Stellenbeschreibung ergänzt oder sogar verdrängt. Diese Matrizen sind ausgezeichnet geeignet, um Entscheidungsbefugnisse, Durchführungsverantwortungen, Mitsprachen und Informationspflichten zu visualisieren, z. B. geht das Mitspracherecht der Sicherheitsfachkraft bei der Auswahl von persönlichen Schutzausrüstungen und die Informationspflicht an den Betriebsrat bei Evaluierungen aus der Matrix eindeutig hervor.

Stellen/Personen Tätigkeiten (Auswahl)	Geschäftsführer	Q-Leiter	Sicherheitsfachkraft	Umweltbeauftragter	Verkauf	Einkauf	Produktion A	Produktion B	Personal	Recht	Betriebsrat	usw.
Führungsgrundsätze	E,D	M	M	M	M	M	M	M	M	M	–	
Zuteilung Verantwortlichkeiten	E,D	–	–	I	M	M	M	M	M	M	–	
Ressourcenplanung Einschulung Investitionsplanung	E E	M –	M –	M –	– –	– –	D D	D D	– M	– –	– –	
Bewertung des QSU-Systems	E	M	M	M	I	I	I	I	I	I	–	
Evaluierung	E	–	M	–	D	D	D	D	I	I	I	
Erstellen von Anweisungen	E	D	D	D	M	M	M	M	M	M	–	
Vertragsprüfung	I	M	–	–	E,D	M	M	M	–	–	–	
Lieferantenauswahl	I	M	M	M	–	E,D	M	M	–	–	–	
Erstellen von Fertigungsunterlagen	–	M	M	M	–	–	E,D	E,D	–	–	–	
Planung von Einrichtungen	–	M	M	M	–	I	E,D	E,D	–	–	–	
Planung von Arbeitsmitteln/Arbeitsstoffen	–	–	M	–	–	I	E,D	E,D	–	–	–	
Bewertung der Arbeitsplätze/Arbeitsstoffe	E	–	M	–	D	D	D	D	–	–	–	
Instandhaltung	–	–	–	–	–	–	D	D	–	–	–	
Auswahl PSA	E	–	M	–	–	–	D	D	–	–	–	
Prüfungen Qualitätsprüfungen Emissionen MAK-, TRK-Werte	– – –	M – –	– – D,M	– D,M –	– – –	– – –	D D D	D D D	– – –	– – –	– – –	
usw.												

E ... Entscheidung/Verantwortung, *D* ... Durchführung, *M* ... Mitsprache, *I* ... Information

Abb. 63: Auszug aus einer Verantwortungsmatrix im QSU-System

Praxisbeispiele

Es kann nun sein, daß die integrierte Verantwortungsmatrix je nach Detaillierungsgrad zu umfangreich und der Rahmen dieser Darstellungsform gesprengt werden würde. In diesem Falle bietet sich das „Prozeßmanagement" an, wo jeder Prozeß und jeder Arbeitsschritt mit den Verantwortlichkeiten, Mitspracherechten und Entscheidungsträgern verknüpft wird. Eine Ablaufdarstellung mit Festlegung der Verantwortlichkeiten ist im Kapitel 6.2 enthalten. Das Thema „Prozeßmanagement" wird im Kapitel 7.3 noch einmal angesprochen.

Mitarbeiter mit besonderen Tätigkeiten

Für Mitarbeiter mit besonderen Tätigkeiten sind Einschulungen gefordert. Diese sind nachweispflichtig und können sowohl intern als auch extern erfolgen.

Beispiele:

Ersthelfer (ASCHG § 26), Kranführer, Staplerfahrer, Heizhauswärter, Kettenwart, ZfP-Prüfpersonal (EN 473), Schweißaufsichtsperson (EN 719), Schweißer (EN 287) usw.

Praxisbeispiele

6.8 Organisationsformen im QSU-System

Die Aufgaben und Verantwortlichkeiten im QSU-Management können in der Firmenorganisation auf unterschiedlichste Art und Weise gelöst sein.

Ein häufiger Fall wird sein, wenn entsprechend der Inkraftsetzung der Gesetze und Regelwerke geeignete Personen des Unternehmens ausgewählt werden und neben ihrer Funktion auch in die jeweilige Q-, S-, U-Rolle schlüpfen. Die bestehende Organisation wird dadurch kaum beeinflußt. In dieser „zufälligen" Organisationsform ist eine Integration zu einem QSU-Management praktisch nicht möglich und wird auch nicht angestrebt.

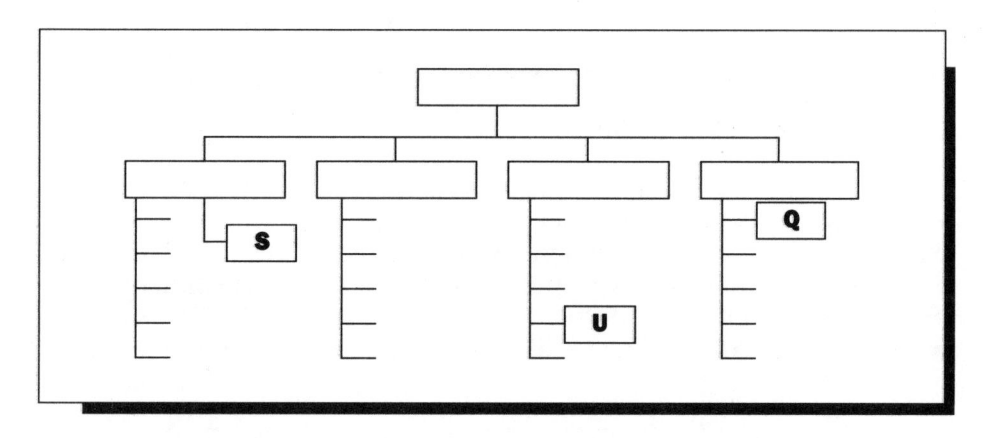

Abb. 64: „Zufällige" Verteilung der Q-, S-, U-Rollen in der bestehenden Organisation

Ebenso häufig ist die Organisation in Form von Stabsstellen. Ausgehend von der Forderung nach einer unabhängigen Qualitätsstelle (DIN 50049/EN 10204 „unabhängiger Werksachverständiger", ISO 9001 Kapitel „Q-Beauftragter der obersten Leitung, der unabhängig ....", ISO 10011 „Unabhängigkeit der Auditoren") wurde häufig die Qualitätsstelle als Stabsstelle in die Unternehmensorganisation eingegliedert. Dieselben Überlegungen führen auch zur Qualitäts-, Sicherheits- und Umweltstabsstelle. Die Zusammenführung der Q-, S-, U-Aspekte zu einem integrierten QSU-Management ist möglich, jedoch aufgrund psychologischer Probleme eher unwahrscheinlich.

Praxisbeispiele

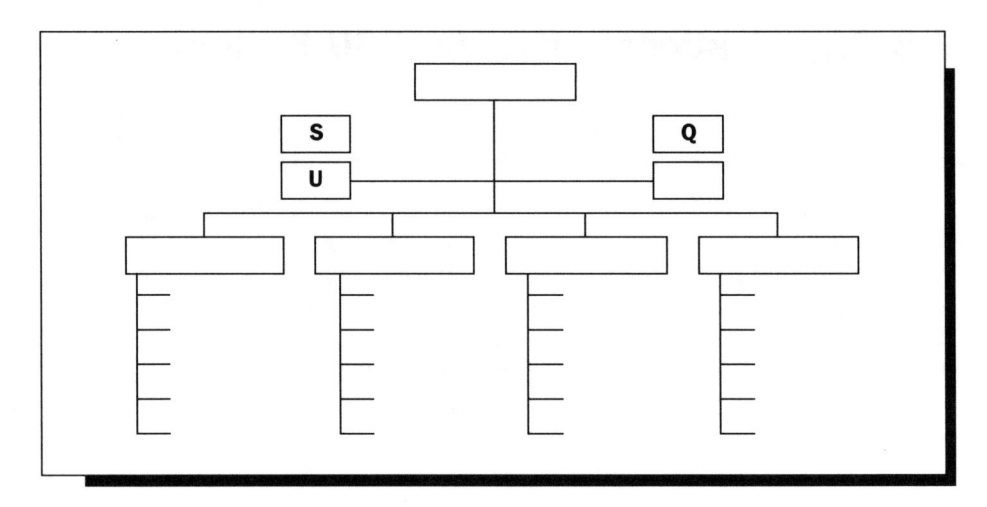

Abb. 65: Stabsstellenorganisation

Das ASCHG sieht auch die Möglichkeit vor, daß die Aufgaben bei der Umsetzung des Gesetzes und der Verordnungen unter Zuhilfenahme von externen Stellen wahrgenommen werden können. Dies können sowohl Sicherheitsfachkräfte entsprechend BGBl. Nr. 277/95, aber auch sicherheitstechnische Zentren nach ASCHG § 75 sein. Ein integriertes QSU-Management erscheint in dieser Organisation vorläufig zumindest als unrealistisch.

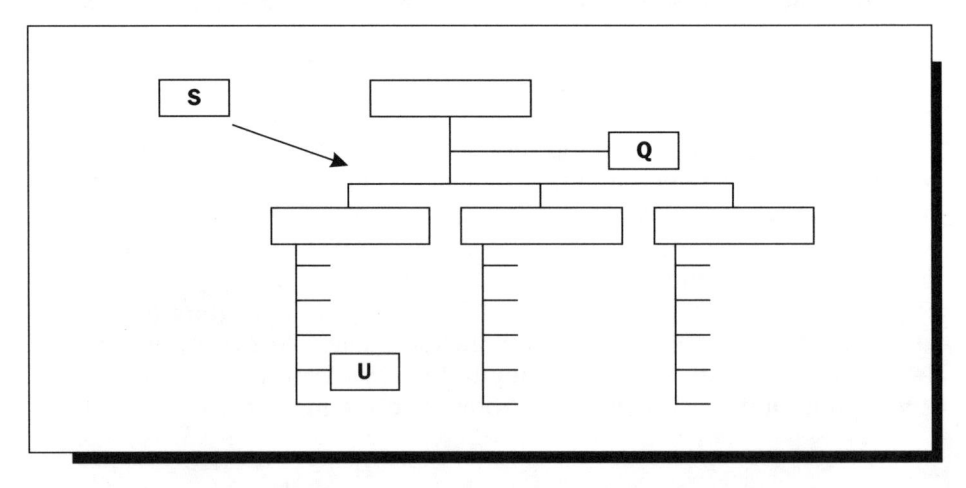

Abb. 66: Externe Abdeckung durch eine Sicherheitsfachkraft oder ein sicherheitstechnisches Zentrum

Praxisbeispiele

Es existieren durchaus Überlegungen in diversen Unternehmen, die die Idee des integrierten Managementsystems verfolgen und die Synergien aus den drei Bereichen ausschöpfen wollen, um zu möglichst effizienten und wirtschaftlichen Betriebsabläufen zu gelangen. Für diesen Fall bietet sich die Stabsstellenlösung in Form eines QSU-Managements an (siehe auch Kapitel 7.2 „QSU-Manager"). Innerhalb der QSU-Stabsstelle sind nun je nach Größe und Komplexität alle möglichen Formen denkbar. Die Integration der Q-, S-, U-Aspekte ist in dieser Organisationsform ein erklärtes Unternehmensziel.

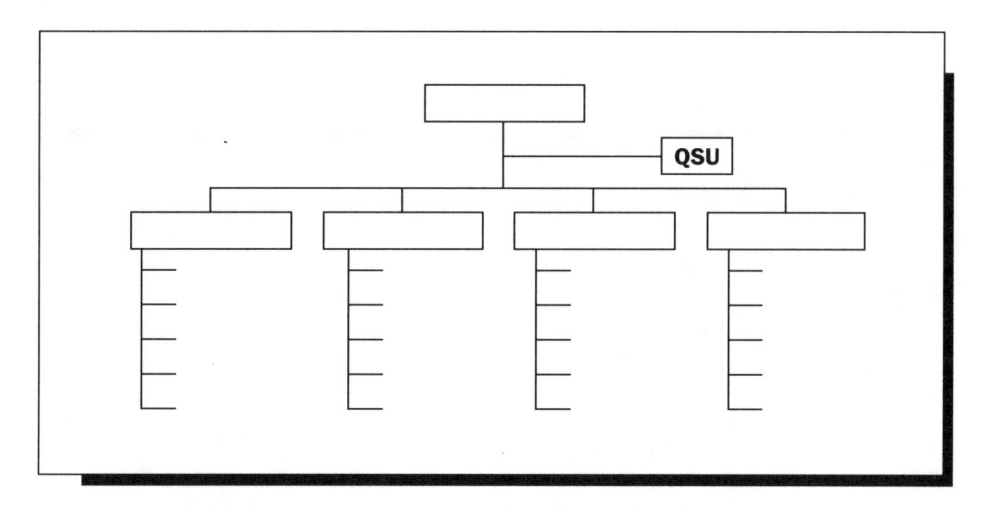

Abb. 67: Integriertes QSU-Management ist ein Unternehmensziel

In modernen Organisationslehren werden auch Matrixorganisationen propagiert. Auch das schon öfter zitierte „Prozeßmanagement" entspricht den Grundprinzipien der Matrixorganisation. Operative Organisationen („Projektteam", „Prozeßeigner" etc.) stehen Querschnittsabteilungen gegenüber, die sich in den Projekten bzw. Prozessen etablieren und verwirklichen müssen. Die Integration zu einem QSU-Management ergibt sich je nach Fähigkeit und Kenntnisstand des Projektteams in den festgelegten Prozessen oder den Projektablaufplänen.

Praxisbeispiele

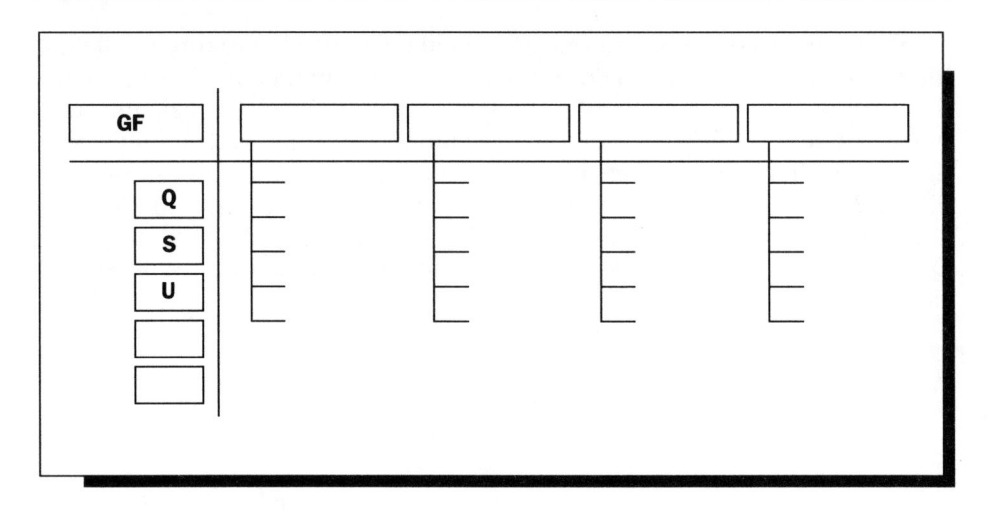

Abb. 68: Matrixorganisation

6.9 Verlustkostenabschätzung

Für ein Unternehmen werden folgende Kennzahlen abgeschätzt (fiktive Annahmen):

Jahresumsatz	1.000.000.000,-
Betriebsleistung (BL)	800.000.000,-
Ertrag aus gewöhnlicher Geschäftstätigkeit (EGT)	60.000.000,-

		% vom Umsatz	% vom BL	% vom EGT
Verlustkosten im Q-Bereich				
Garantie/Gewährleistung	10.000.000,-			
Kulanz	5.000.000,-			
Ausschuß	3.000.000,-			
Nacharbeit	8.000.000,-			
Sortierprüfungen	500.000,-			
Problemuntersuchungen	1.000.000,-			
Lieferantenprobleme	2.500.000,-			
	30.000.000,-			
Folgekosten **)	15.000.000,-			
gesamt	45.000.000,-	4,5	5,6	75
Verlustkosten im S-Bereich *)				
Unfälle	500.000,-			
Krankenstände	1.500.000,-			
Versicherungen	2.000.000,-			
Stillstandszeiten	500.000,-			
Regressionsforderungen	1.000.000,-			
Gerichtskosten	500.000,-			
	6.000.000,-			
Folgekosten **)	3.000.000,-			
gesamt	9.000.000,-	0,9	1,1	15
Verlustkosten im U-Bereich				
Entsorgungskosten	500.000,-			
Energiekosten	4.500.000,-			
Störfallkosten	1.000.000,-			
Abwehraktionen	500.000,-			
entgangene Förderungen	1.500.000,-			
	8.000.000,-			
Folgekosten**)	4.000.000,-			
gesamt	12.000.000,-	1,2	1,5	20
GESAMT (mit Folgekosten)	66.000.000,-	6,6 %	8,2 %	110 %
GESAMT (ohne Folgekosten)	44.000.000,-	4,4 %	5,5 %	73 %

*) ohne Berücksichtigung des volkswirtschaftlichen Schadens
**) die Folgekosten werden mit 50 % der erfaßbaren Kosten angesetzt

Praxisbeispiele

Vom Umsatz aus betrachtet, erscheinen die Verlustkosten mit 4,4 % oder 6,6 % als nicht dramatisch. Vom EGT aus sieht die Situation völlig anders aus. Da die Gesamtverlustkosten in der gleichen Größenordnung des EGTs liegen können, können die Verlustkosten über Gewinn oder Verlust entscheiden.

Es wird nun angenommen, daß die Verlustkosten aus allen drei Bereichen zu einem gewissen Anteil vermeidbar sind. Dieser Anteil wird als Einsparung im Geschäftsergebnis sichtbar und erhöht den Gewinnanteil. Allerdings muß der Aufwand für die Präventivmaßnahmen wiederum abgezogen werden.

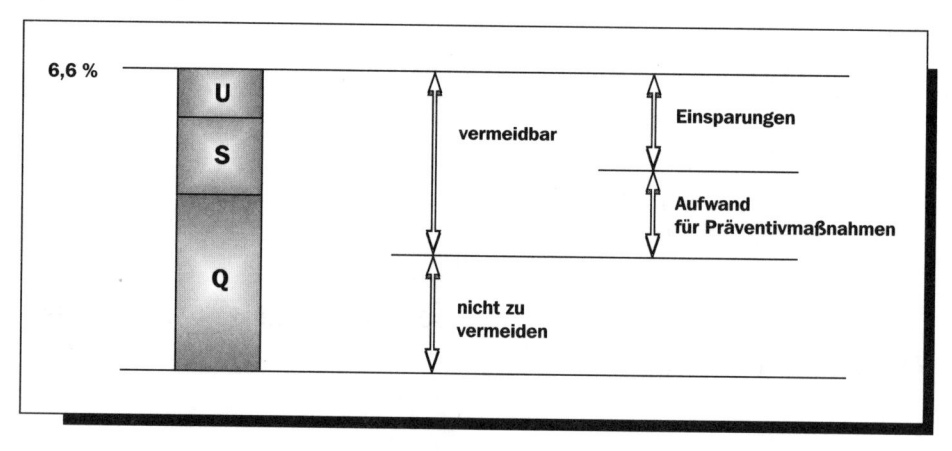

Abb. 69: Verlustkostenbetrachtungen

Die Verlustkosten zur Qualität schlagen sich aufgrund der Gesetzgebung durch Garantie, Gewährleistung und Produkthaftung praktisch zur Gänze ins Unternehmensergebnis durch. Dementsprechend sind sie im Regelfall auch höher als im S- und U-Bereich. Durch das soziale Netz werden die Verlustkosten aus dem S-Bereich vorwiegend durch ein gesetzlich vorgeschriebenes Versicherungssystem aufgefangen und durch die bundesweite Verallgemeinerung anonymisiert. Die Summe dieser Aufwendungen ist stark steigend und die Grenze der Belastbarkeit dieses Systems ist spürbar geworden. Es ist damit zu rechnen, daß größere Anteile auf den Arbeitgeber und Arbeitnehmer verschoben werden. Im U-Bereich ist die Situation noch nicht ganz klar. Es ist jedoch abzuschätzen, daß die Kosten für den Umweltbereich noch steigen werden. Dazu wird sicherlich auch das sich derzeit in Ausarbeitung befindliche Umwelthaftungsgesetz beitragen: mit der vorgesehenen Beweislastumkehr, bei der das Unternehmen im Falle eines Umweltschadens seine Unschuld nachweisen muß (bislang muß dem Unternehmen seine Schuld nachgewiesen werden), werden Umweltschäden leichter einklagbar. Dieser Umstand wird natürlich eine entsprechende Umwelthaftungsversicherung sowie geeignete Präventivmaßnahmen auslösen.

Tendenziell ist daher von einer steigenden Bedeutung der Präventivmaßnahmen im Umweltbereich auszugehen.

Praxisbeispiele

6.10 Quantifizierbare Zielsetzungen im QSU-System

Ähnlich wie die jährliche Budgeterstellung werden auch quantifizierte Zielsetzungen im QSU-Bereich gefordert, um eine Steuerung zu ermöglichen und um das Funktionieren des Systems bewerten zu können. Es ist dabei zweckmäßig, die quantifizierten Meßgrößen hierarchiegerecht im Unternehmen aufzubereiten.

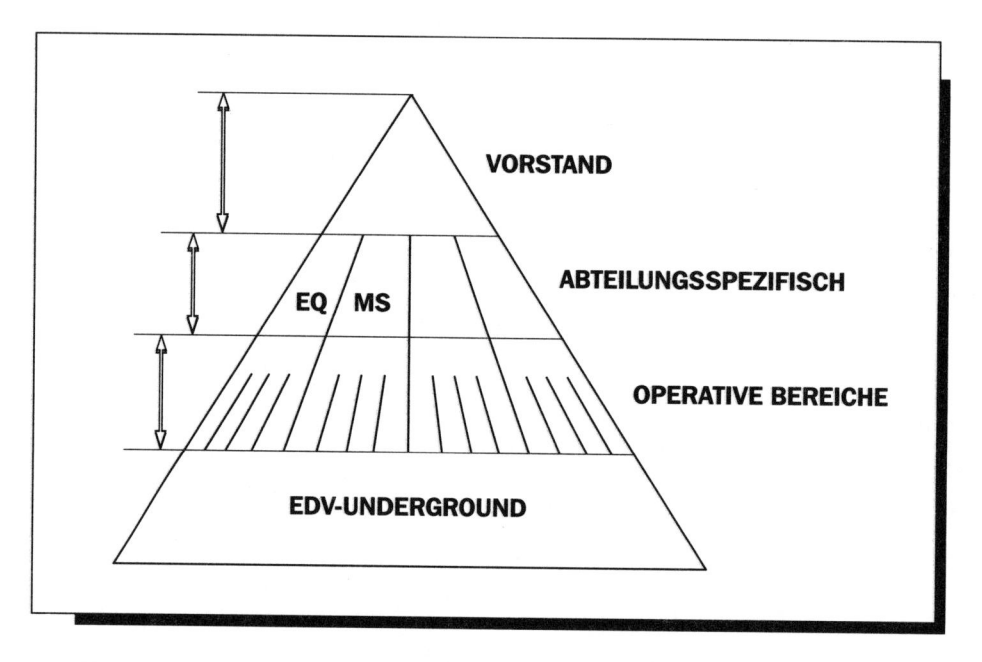

Abb. 70: Hierarchiegerechte Zielsetzung

Die Kennzahlen selbst stammen aus allen drei Bereichen und können in absoluter Höhe und/oder als relative Kennzahlen (z. B. in bezug zum Umsatz oder zur Betriebsleistung) dargestellt werden.

Praxisbeispiele

	Dim	1997 Plan	1997 Ist	1998 Plan	1998 Ist
Fehlerkosten intern (Ausschuß/Nacharbeit)	S				
Fehlerkosten Zukaufteile	S				
Beanstandungsvolumen/ Einkaufsvolumen	%				
Fehlerkosten Fertigung/Montage	S/h				
Aufteilung Fehlerkosten ● Fertigung/Montage ● Entwicklung ● Konstruktion	 % % %				
Gewährleistungskosten ● Produktlinie 1 ● Produktlinie 2 ● Produktlinie 3	 S S S				
Pönalzahlungen ● Termin ● Technik	 S S				
Liefertreue	%				
Kundenzufriedenheit	–				
Krankenstandsquote	%				
Unfälle	Anzahl				
Fluktuationsrate	%				
Stromverbrauch	kWh				
Gasverbrauch	kWh				
Abfallmenge	to				
usw.					

Abb. 71: Auszug aus einer Zielsetzungstabelle

7. Ausblick

In diesem Kapitel wird ein kleiner Blick in die Zukunft gewagt, was heutzutage aufgrund von mannigfachen dynamischen Veränderungen kaum möglich ist. In diesem Zusammenhang wurde auch schon der Begriff der „Gegenwartsschrumpfung" geprägt.

Absehbar ist jedoch, daß die Managementsysteme zur effizienten Betriebsführung einen Integrationsprozeß durchlaufen und zu einer gesamthaften Betrachtung geführt werden müssen. Dazu ist es auch wünschenswert, wenn die Ausbildungen im Bereich Q, S und U auf die jeweils angrenzenden Fachbereiche Rücksicht nehmen würden. Des weiteren ist auch relativ klar abzusehen, daß ein prozeßorientiertes Managementsystem am ehesten in der Lage ist, die Aspekte Qualität, Sicherheit und Umwelt aufzunehmen.

7.1 Unternehmenssimulation

Die weiter wachsende Bedeutung des Qualitätsaspektes, die Ökologisierung der Wirtschaft und die verstärkte Bedeutung der Arbeitssicherheit werden noch eine Vielzahl von Änderungen im Wirtschaftsleben mit sich bringen. Die Integration von Qualitäts-, Sicherheits- und Umweltmanagement wird einen entsprechenden Bedarf an integrierten Schulungen auslösen.

Mit der Unternehmenssimulation „Dynamic Management" wurde ein Instrument geschaffen, das diesen zukünftigen Bedarf decken kann.

Bei Dynamic Management müssen die Simulationsteilnehmer ein Produktionsunternehmen führen. Marktdynamik, Konkurrenten, Gesetzesänderungen, Umweltschutz, Qualitätsprobleme und unvorhersehbare Ereignisse usw. machen diese Aufgabe besonders interessant. Die vielschichtigen Vernetzungen zwischen den unterschiedlichen Problemstellungen und vor allem zwischen Qualität, Sicherheit und Umweltschutz werden den Teilnehmern verdeutlicht. Jede Simulationsrunde – die ein Jahr darstellt – besteht aus drei Abschnitten. Im ersten Teil haben die Teilnehmer unternehmerische Entscheidungen über Entwicklungsvorhaben, Produktionskapazitäten, Marketingaktivitäten, Qualitätsverbesserungen, Sicherheit am Arbeitsplatz, Umweltschutz usw. zu treffen. Im zweiten Abschnitt treten positive und negative unternehmensspezifische Ereignisse ein, wobei die bisherigen Unternehmensentscheidungen die Tragweite dieser Ereignisse beeinflussen. So bleibt beispielsweise ein Brand in der Lackiererei ohne weitreichende Folgen, wenn das Unternehmen zuvor in entsprechende Vorbeugemaßnahmen investiert hat. Andernfalls aber kommt es zu entsprechenden Produktionsausfällen. Abgeschlossen wird dieser Abschnitt mit einer Wissensfrage (Lerneffekt) aus den Themenkreisen Qualität, Sicherheit, Umweltschutz, Unternehmensführung oder Betriebswirtschaft. Diese Fragen können auf Ausbildung, Erfahrung und Tätigkeitsfeld der Simulationsteilnehmer abgestimmt werden. Im dritten Abschnitt werden durch ein Szenario die Rahmenbedingungen für alle Unternehmungen geändert. Hier profitieren in erster Linie jene Unternehmungen, die durch entsprechend langfristig orientierte Entscheidungen (z. B. Total Quality-Ansätze) besser vorbereitet sind. Kurzfristige Optimierungen können sich als herbe Enttäuschung herausstellen.

Das Simulationsende ist erreicht, wenn die zuvor vereinbarte Anzahl von Simulationsperioden abgeschlossen ist. Durch Feststellung des Unternehmenswertes – in dem sich auch Umweltschutzaktivitäten und Arbeitssicherheit wiederfinden – wird jenes Team ermittelt, welches seine Unternehmung am besten durch Dynamic Management geführt hat.

Ausblick

7.2 QSU-Manager

Die Funktionsbeschreibung für die SFK ergibt sich aus dem ASCHG § 76. Die entsprechende Aufgabenfestlegung für den Qualitätsleiter oder den Umweltbeauftragten kann ganz ähnlich aufgebaut werden, und die Synergien sind sofort ersichtlich. Neben demselben Grundprinzip gibt es auch einige Spezialitäten wie z. B. die Aufgaben des Abfallbeauftragten im Umweltbereich, die keine Entsprechung finden.

Die Schwierigkeit liegt nicht in der Organisation oder den Prozessen, sondern im Beherrschen der spezifischen Fachgebiete mit dem Spezialistenwissen. Das Fachgebiet für alle drei Bereiche ist dermaßen umfangreich, sodaß es in einer Person praktisch nicht zu bewältigen ist. Das bestehende Ausbildungssystem ist auf die Erfüllung der singulären Bereiche ausgerichtet.

Im Unternehmen ergibt sich somit eine Notwendigkeit der interdisziplinären Koordination der drei Fachbereiche und gleichzeitiger Integration in die unternehmensspezifischen Geschäfts- und Herstellprozesse. Dies ist möglich in Form der Stabsstellenorganisation mittels QSU-Management, einer Matrixorganisation oder eines QSU-Managers. Dieser müßte dann allerdings beinahe ein „Universalgenie" sein. Es liegt auf der Hand, daß gerade Klein- und Mittelbetriebe, die über 90 % der Unternehmen repräsentieren, sich keine vollamtlichen Q-, S- und U-Manager leisten können. Gerade für diese Unternehmen wäre ein integrierter QSU-Manager wünschenswert.

Ausblick

Funktionsbeschreibung „Qualitätsstellenleiter"

Qualifikation:
Lehrabschluß, Meister, HTL-Ing., Dipl.-Ing., Quality Manager, EOQ-Auditor (EOQ harmonisierte Richtlinien)

Grundlagen:
ISO 9000 ff., ISO 10011

Aufgaben:
1. Umsetzung der Qualitätspolitik
2. Erstellen/Warten der Qualitätsdokumentation, Handbuch, Richtlinien, Arbeitsanweisungen
3. Leitung des internen/externen Auditwesens
4. Qualitatives Produktmanagement
5. Durchführen und Überwachen von Fehlerbehebungen
6. Q-Datensystem: Korrektur- und Vorbeugemaßnahmen
7. Durchführen von Schulungen bezüglich Qualitätsmanagement
8. Organisieren der Zertifizierung und Überwachung
9. Kommunikation mit Geschäfts- und Interessenspartnern
10. Mitwirken bei Investitionsvorhaben

Funktionsbeschreibung „Sicherheitsfachkraft"

Qualifikation:
Lehrabschluß, Meister, HTL-Ing., Dipl.-Ing., Praxisnachweis Sicherheitsfachkraft

Grundlagen:
BGBl 450/94 (ASCHG)
BGBl 277/95 (Sicherheitsfachkraft)

Aufgaben:
1. Umsetzung des ArbeitnehmerInnenschutzgesetzes
2. Erstellen/Warten von Richtlinien zur Arbeitssicherheit
3. Überwachung von Sicherheitsrichtlinien und gesetzlichen Regelungen
4. Evaluierung der Arbeitsplätze
5. –
6. Unfallstatistik: Korrektur- und Vorbeugemaßnahmen
7. Durchführung von Schulungen bezüglich Arbeitssicherheit
8. Mitarbeit bei Verwaltungsverfahren
9. Kommunikation mit Geschäfts- und Interessenspartnern
10. Mitwirken bei Investitionsvorhaben

Funktionsbeschreibung „Umweltbeauftragter"

Qualifikation:
Lehrabschluß, Abfallbeauftragter, Abfall- und Recyclingtechniker, Fachtechniker für Umweltschutz (WIFI), Umweltauditor

Grundlagen:
ISO 14000 ff., EMAS-Verordnung
BGBl 325/90/94 (AWG)

Aufgaben:
1. Umsetzung der Umweltpolitik und Erstellung des Umweltprogrammes
2. Ausarbeiten/Überwachen von Umweltschutzrichtlinien; Erstellung eines Abfallwirtschaftskonzeptes
3. Leitung der internen/externen ÖKO-Audits
4. Ökologisches Produktmanagement
5. Erstellen/Warten von Störfallanalysen, Brandschutz- und Katastrophenplänen
6. U-Datensystem: Korrektur- und Vorbeugemaßnahmen
7. Durchführen von Schulungen bezüglich Umweltschutz
8. Durchführen von Genehmigungsverfahren
9. Kommunikation mit Geschäfts- und Interessenspartnern
10. Mitwirkung bei Investitionsvorhaben

Abb. 72: Funktionsbeschreibungen im QSU-System

Ausblick

7.3 Prozeßmanagement

Die Entwicklung rund um das Qualitätsmanagement ist noch nicht abgeschlossen. Das TC 176 der ISO ist kontinuierlich um die Weiterentwicklung der ISO 9000-Serie bemüht. Mit der nächsten Revision der gesamten Normenfamilie ist noch vor oder um das Jahr 2000 zu rechnen. In dieser neuen Fassung zeichnet sich eine sehr stark prozeßorientierte Ausrichtung des Anforderungskataloges ab.

Der Prozeßorientierung wird folgendes Grundprinzip zugrunde gelegt:

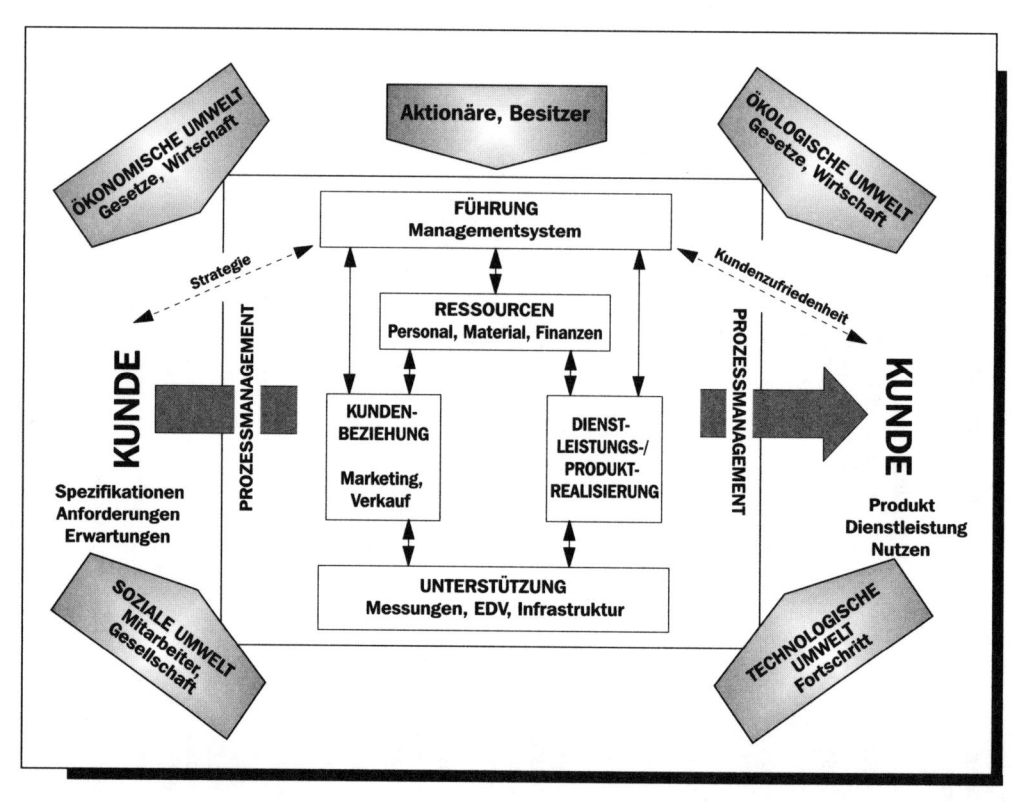

Abb. 73: Prozeßmodell

Ausblick

Die Praxis in diversen Unternehmen hat nach nun ca. 10 Jahren Erfahrung mit Q-Systemen (die ISO 9000 ff. wurde 1987 eingeführt) gezeigt, daß sich der prozeßorientierte Ansatz erfolgreich behaupten kann. Auch in der Handhabbarkeit und Benutzerfreundlichkeit sind die prozeßorientierten Qualitäts- bzw. Managementsysteme anderen Darlegungen überlegen.

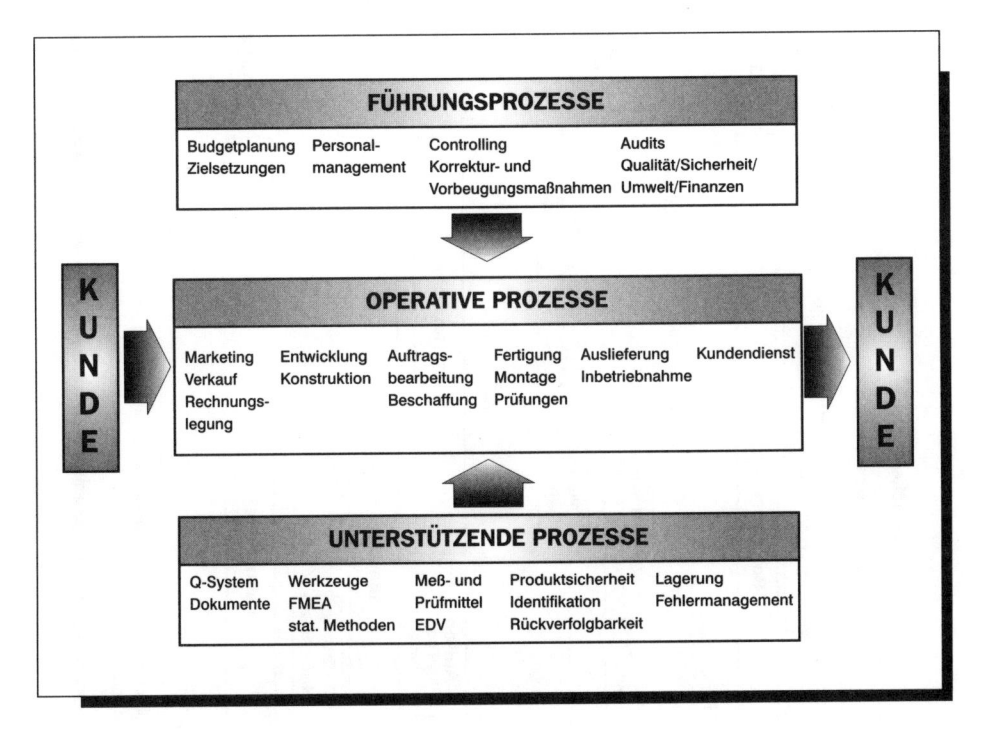

```
                        FÜHRUNGSPROZESSE
        Budgetplanung   Personal-      Controlling              Audits
        Zielsetzungen   management     Korrektur- und           Qualität/Sicherheit/
                                       Vorbeugungsmaßnahmen     Umwelt/Finanzen

                                    ⬇

  K                       OPERATIVE PROZESSE                              K
  U                                                                       U
  N     Marketing   Entwicklung   Auftrags-     Fertigung   Auslieferung  Kundendienst   N
  D     Verkauf     Konstruktion  bearbeitung   Montage     Inbetriebnahme               D
  E     Rechnungs-                Beschaffung   Prüfungen                                E
        legung

                                    ⬆

                      UNTERSTÜTZENDE PROZESSE
        Q-System   Werkzeuge      Meß- und      Produktsicherheit   Lagerung
        Dokumente  FMEA           Prüfmittel    Identifikation      Fehlermanagement
                   stat. Methoden EDV           Rückverfolgbarkeit
```

Abb. 74: Vorschlag für eine Prozeßstruktur

Als besonders benutzerfreundlich und verständlich für Anwender und neue Mitarbeiter hat sich die Darstellung der Prozesse wie z. B. Abb. 52 in Kapitel 6.2 gezeigt. Die einzelnen Prozesse werden in Abläufen konzipiert und mit einem Prozeßeigner und Prozeßkennzahlen versehen. Zur Darstellung auf Papier eignen sich aber auch andere Varianten (siehe Abb. 75).

Der Prozeßorientierung wird eine große Zukunft vorausgesagt. Es ist zu erwarten, daß die derzeitigen Q-Systeme nach ISO 9000 ff. auf diese Form umgestellt werden. Für ein integriertes QSU-System ist die prozeßorientierte Ausrichtung und Darstellung besonders gut geeignet.

Ausblick

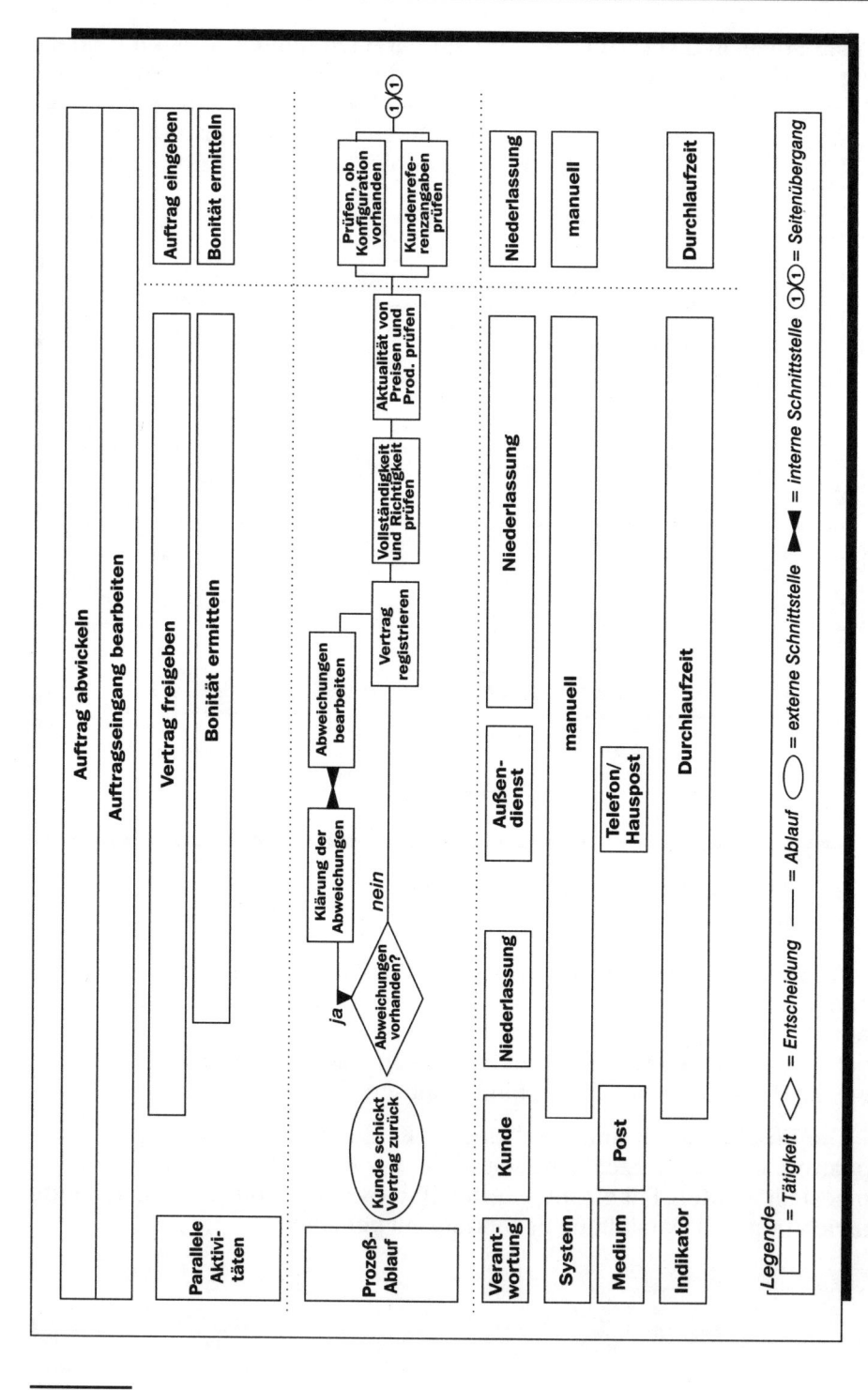

Abb. 75: Typische Prozeßdarstellung

Ausblick

7.4 Integrierte Managementsysteme

Die Regelungsvielfalt wird immer umfangreicher. Des weiteren kommen immer wieder neue Bereiche dazu. Vor 20 Jahren z. B. hat noch niemand von Umweltschutz gesprochen. Erst die verheerenden Auswirkungen durch den Einsatz von DDT haben eine Sensibilisierung bewirkt. Und in diesen Tagen werden Gentechnik und biologische Versuche heftig diskutiert. Alles dies führt zu weiteren Regelungen und eine spürbare „Deregulierung" ist nicht in Sicht.

Aus unternehmerischer Sicht entsteht dadurch der Wunsch und auch die Notwendigkeit, alle diese Anforderungen gemeinsam in einem integrierten Managementsystem zusammenzufassen, um einerseits die Rechtssicherheit sicherstellen zu können, aber auch um mit einem Minimum an Aufwand eine propere Betriebsführung zu ermöglichen.

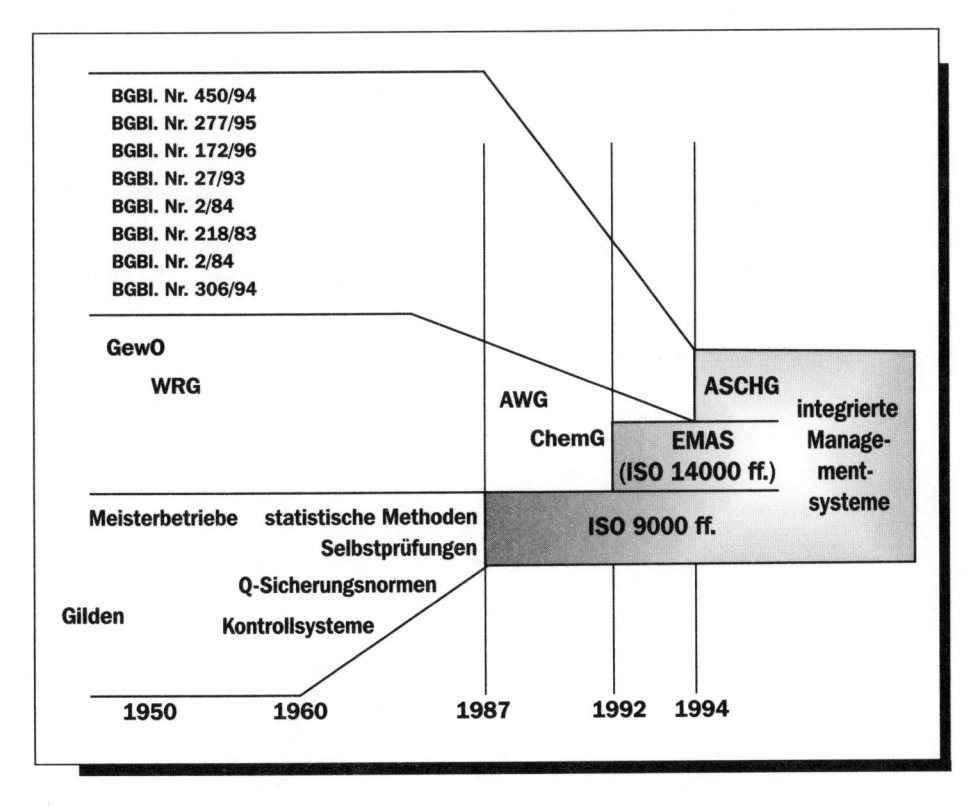

Abb. 76: Entwicklungsstufen vom Kontrollsystem zu integrierten Managementsystemen

8. Schlußwort

Die beiden Maschinenführer treffen sich wiederum in ihrer Stammkneipe beim Bier und sinnieren vor sich hin. Seit dem letzten Gespräch (in Kapitel 1) ist einige Zeit vergangen.

M1: „Du, heute waren sie wieder bei mir. Diesmal gleich alle drei auf einmal. Und einen Mediziner und den Betriebsrat hatten sie auch dabei."

M2: „Und wie war es diesmal?"

M1: „Der Arbeitsmediziner hat nicht viel gesagt. Er hat vor allem aufgepaßt, daß er nicht schmutzig wird."

M2: „Und die anderen zwei?"

M1: „Ja, eigentlich war es ganz gut. Wir haben gemeinsam meinen Arbeitsplatz durchleuchtet. Von der Qualität und von der Umwelt war alles okay. Nur der Sicherheitsmann hat mich auf Unzulänglichkeiten aufmerksam gemacht. Jetzt weiß ich auch, woher diese andauernden Rückenschmerzen herkommen."

M2: „Ja, meckern können sie alle! Nachher sind sie alle gescheit!"

M1: „Nein, es war ganz konstruktiv, und diese Vorbeugungsmaßnahmen sind in Ordnung. Außerdem geht jetzt sogar die Arbeit schneller von der Hand."